45[%]的天堂

一趟探索人生價值的大旅行
在深冬的青藏高原
找到再出發的勇氣

著———劉在武、李君偉

　　讀著劉在武與李君偉兩位作者的文字，彷彿跟著他們走進杳無人煙的高原，身處 45% 的氧氣濃度裡，時而喘不過氣，時而感覺零下的寒意；身歷其境之餘，又收穫一段寧靜的內省時光。

　　每個人可能都嚮往一趟冒險。勇闖天涯的旅行是冒險，走出舒適圈也是冒險，無論是跨越物理或心裡的邊界，都是重新認識自己的機會。我想，這應該是本書最深刻的意涵所在。

　　我的人生有幾次跨界：從台灣到法國、從政治到文化，再從體制內回歸公民社會；甚至成為一位母親，對我來說，也是很大改變。回想起來，這些夾雜著不安和勇氣的經驗，都在重塑和定義自我。

　　本書是一篇遊記，但更像是一場思辯，讓我們重新耙梳自己的內心，是否有什麼未竟之業？人生又該是什麼樣子？我相信每個人都有不同的答案。希望每一位本書的讀者，都能暫時將自己清空，跟著兩位作者，踏上一小段追尋自我的旅程。

青平台基金會董事長、前文化部部長　鄭麗君

《45%的天堂》再版序

　　2006 年，兩個中年男人選在冬天到西藏高原去旅行，自己感覺是一件很勇敢的事情。只是當年的勇氣，比較多是來自於一知半解。

　　雖說卅當立、四十該不惑，但當年的我們，還不曾有登高山的經驗，對於自己、對於那塊土地的人和歷史，所知都很有限。

　　回來後，熱熱鬧鬧出了本書，書裏談到選擇、談到放下、談到冒險與人生，躊躇滿志，豪情快意。

　　15 年後，出版社談起再版的想法，突然發現，重新回顧自己的那一段人生，同樣也很需要勇氣。

　　那一趟旅行，方方面面都是很深刻的轉場經歷。但多年後捫心自問的第一個問題：「然後呢？」

　　15 年足夠長了。足以讓高原上的柏油路,從日喀則一路延伸到獅泉河,足以讓拉薩蓋起摩天輪和五星級大酒店;足以讓胰島素、維骨力、心臟藥出現在搜尋清單上,足以讓兩個男人經歷好大一段中年危機。

　　創立「流浪者計畫」的林懷民老師說:「年輕時的流浪,是一生的養分。」如果這流浪,是從中年才開始呢?

　　無論是為了掙脫、逃避、或是追求、自我實現。到了那樣的年紀,本該安安順順,走自己本來攀爬的那條路,而從西藏回來之後,心都野了。人生有好多可能,生命不會只有一種選擇,但世界上最公平也最無情的其實是時間。豪情壯志可以一直都在,但時間過去便過去了。

於是只好安慰自己，中年時的流浪，肯定是一輩子的酒後談資。

黃湯下肚之後，談起當年，有痛快、有豪氣，卻也有啞然失笑、不勝唏噓。就如同當年在高原上，所見所感彷彿上了天堂，身體卻下了地獄。

回到人生正軌上，作為員工、同事、兒子、父親、丈夫、朋友，許多甜蜜或苦澀的負荷，實在不敢說，這些旅行是不是帶給我們更多智慧，讓我們在人生的跌宕起伏當中，更多一些從容。

許多當年的想法、感觸，經過時間沖刷，自己都不免有些羞赧。

2016 年，105 歲的作家楊絳離開人世，才讀到他的這句話：「我們曾如此渴望命運的波瀾，到最後才發現，人生最曼妙的風景，竟是內心的淡定與從容；我們曾如此期盼外界的認可，到最後才知道，世界是自己的，與他人毫無關係。」

同一年，我和馬丁又去了一趟西藏，把先前意猶未盡的路程走完。崗仁波齊的轉山路、阿里中線一個又一個攝人心魂的湖泊，天地之間的曼妙風景，我們到底是見著了。至於內心的淡定與從容，卻還在遠方。

經過時間沖刷，真正留下的只能是勇氣。不是以身犯險的勇氣，而是直視內心、誠實面對自己和生命的勇氣。

但曾經那麼深刻而用力的活過，無論如何，不都是值得痛快對飲一杯的事情？

不多不少。對於有緣聽過我們故事的讀者，這大概是 15 年後，我們最想說的話。

謝謝你的惦記，我們也不曾忘記。

威廉 2021.05

自　序

· 給自己，一個機會

　　我們不是為了這趟旅行而遞出辭呈。但是，在暫別了工作之後，兩個人都想起了同一個地方。

　　放下在台北的一切，辭掉人人稱羨的「股王」工作，兩個沒有太多自助旅行經驗的中年男人，自台北出發，從四川成都到西藏拉薩，再由拉薩往西，踏進世界屋脊，海拔近 5000 公尺的無人區「極地阿里」。我們在最不該去的嚴冬裡，氣溫下探至零下 20 度，總里程 12000 公里，這趟旅程我們走了 47 天。

　　背著登山背包，住一床 10 元的旅館，晚上靠著燒犛牛糞取暖。途中，被藏獒攻擊、出現高原反應、爆胎三次，任何一次險境未過，就可能失去一切。

　　我們並沒有什麼複雜的動機。對於自己未來的人生軌道，或許已經了然於心，卻不想「從眾」地，循著社會的框架一路走下去。追逐從小被教導的、不背離主流的那條對的道路。

　　是累了嗎？……是，是累了！沒有一定要不平凡，平凡或不平凡不是重點，但生命，就這樣了嗎？有一種聲音，在心底……在動！生命，是否有更多的可能性？

　　許多朋友問我，為什麼選西藏？我說，想找一個地方，坐下來，不

用思考，看著天地，就能讓我流淚的地方。

我們選在最不該旅行的嚴冬裡，進入青藏、進入阿里。兩個人流著鼻水、鼻血、氣喘不停地走完全程。至今回想起來，才驚覺，這一路，實在危險重重，還來不及真的害怕，但早已回不了頭。然而，到了那裡，才知道，天、地，可以如此接近，我們的心，載滿著天界的畫面。

一路上，在許多地方，兩個大男人，屏住呼吸，眼淚忍不住流下，只能偷偷地撇過頭去，抹去淚水。

試著用筆，去整理當時的感受，自己卻一直很難釐得清楚。很難，因為太滿、太多，一路上的感動，相對於過去的人生經驗，實在太過陌生。想要我們用一個有限的小我，表達一個天地的大我，實在不是一件容易的事情，只能說，我們做了一個嘗試。一層一層的抽絲剝繭，嘗試慢慢了解，當時的感動，所為何來？

至今，還沒有辦法捉摸清楚。為什麼，淚，會就這麼流下來？

文字，有相當深的侷限性，但透過文字的整理，幫助自己了解這一趟旅行，更了解自己。

到今天為止，這趟旅行還在我們的生命裡發酵。心，還是無法沉澱下來。一幕一幕的場景，歷歷在目。我們寫下了一些東西，並不是想告訴別人，我們比較勇敢，或者這趟路有什麼了不起。我們不想說，我是對的，其他人該放下一切，向我們看齊。

我們真正想說的是，生命，沒有顛撲不破、放諸眾生皆準的價值；人生，沒有什麼是「絕對應該」要走的方向。給自己一個機會，誠實檢視自己的內心，或許，生命就會開啟新的一扇窗。

· 天堂裡，一半的氧氣就已足夠

　　旅遊書已經非常的多了，在書店的書架上，西藏旅遊書汗牛充棟。這個開發過度的地球，已經沒有到不了的險境，沒有太多文明觸碰不到的地方，對於閱聽人而言，Discovery 或 National Geography Channel 的精美影像，絕對比照片、比文字，更有臨場感。

　　我們不是專業的旅行人，也不想寫旅遊遊記。幾個月的文字，寫的不是行程，不是怎麼去西藏玩。只希望把曾經出現的想法，分享出來。

　　我們曾經想過，什麼樣的讀者，會到書架上，為我們的書駐足？

　　同樣是面對人生的難題時，我們的書，能夠產生什麼共鳴？

　　或許，共鳴，來自於這一趟旅程，我們替讀者做到了。或許，我們有著足以放下的奢侈，願意捨棄，但讀者卻因為責任，不得不受牽絆。

　　或許，共鳴，來自於許許多多正在追求百分之一百廿人生的人，在思索未來的時候，看到、或聽到了潛藏自己心底的另一種聲音。

　　生命，可能還有其他的選擇。

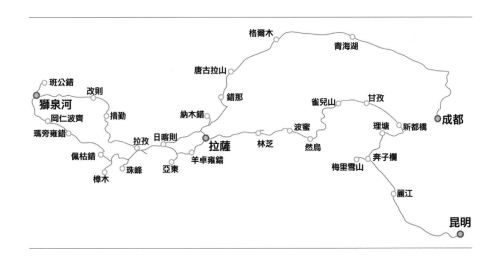

在那兩個月裡，我們在氧氣嚴重不足的西藏阿里無人區，這個世界屋脊的高原荒野上，面積是台灣的八倍大，人口不到六萬人，氧氣濃度只有海平面 45% 左右。沒有想到，這可能是最適合生命的天地氛圍。

在 45% 的氧氣濃度裡，連呼吸都顯得困難。我們卻碰觸到自己生命中更多的可能性，也目睹了夢裡的天堂。

十幾年前，就夢想有這樣的旅行，從來沒有想過，夢想，可以這麼容易實現，只要你願意「放手」。或許，整本書的重點根本不是西藏，而是做出選擇。勇敢放下，破除社會主流價值框架的意志。那個意念，形於外可以是一趟旅行，也可以是任何一個夢想已久、卻未曾付諸實現的嘗試。

可以很遙遠，也可以伸手可及。台北與青藏高原，說起來，只是一個轉念之間的距離。

對於生命、未知，永遠值得嘗試，但願此後，我們隨時都能有為生命再出發的勇氣。

劉在武（馬丁）

2005/5/9 星期一 9:30pm 台北

　　警察局來電話。父親跌倒，被路人送到忠孝醫院急診室，現在身體左半邊癱瘓。我跳上了車，趕到醫院。看到父親孤零零地躺在急診室裡。爸爸意識很清醒，知道自己身體半邊不能動了。他沒有懼色，只是一臉不好意思、又讓我們添麻煩的表情。

　　他不知道，沒一會兒，我們簽下病危通知，依照醫師的診斷，將爸送入加護病房。急診室醫生轉達了神經外科醫生的醫囑：繼續觀察，不用開刀，腦部血塊有機會自己化開。護士不讓我們在加護病房久留。我貼著爸的臉說，明早加護病房門一開，我就來看你。他點點頭。

　　整晚，神經外科醫師沒有出現，只有急診室醫師的傳話。

　　這一晚，徹夜難眠。怎麼想，直覺都告訴我不對。隔天一早，拜託了所有可用的關係，榮總、三總的醫師都建議我轉院。下午二點，三總的神經外科主任看著爸爸的電腦斷層片說，你父親的左右腦都出現大小不同的血塊，只能開一邊，拿掉大血塊。目前應該仍在出血, 血塊不會變小，只會變大，不開刀，就只會惡化。馬上動刀是你父親唯一的機會。要不要開，現在就要決定。

　　在不敢浪費任何時間下，馬上去忠孝醫院將父親轉到三總，傍晚五點，父親一到三總，就直接推進開刀房，在開刀房裡等著驗血報告一出

來，刀就動下去。

　　如果，我不在台北，父親可能就走了。

　　這一天，我剛從歐洲出差回來，五天裡，跑了阿姆斯特丹、法蘭克福、格拉斯哥、愛丁堡、倫敦 5 個城市。開了近 25 場會議。早上開會、晚上搭飛機，趕到下一個城市，進旅館都已經是晚上 11 點左右。接下來還得打開每天近 200 封電子郵件信箱，快速找出必須要立刻處理的事。

2005/9/25 星期日 11:00am 倫敦

　　週五傍晚，從法蘭克福飛到倫敦。終於可以在倫敦休息一個週末，準備接下來的行程。未來 10 個工作天，在歐洲、美國，要飛 11 個城市。看看行程表，近 60 場會等著要開，每一個城市的會，全部都排滿了。

　　想和兒子、女兒說說話，打個電話回家報告平安，那頭卻傳來壞消息。老婆說，媽媽跌倒了，一段脊椎塌陷，劇痛已經讓她 3 天無法睡覺了。這兩天她就會安排媽媽去開刀，要我不必擔心家裡，她會把事情處理好。

　　這幾年，能陪母親的時間已經很少了，連開刀都無法在身旁。這樣

的日子，未來可能會改變嗎？這樣下去，會不會後悔？

是不是，該辭職了。

2006/11/6 台北

剛從新加坡出差回來，結束摩根史坦利連續 3 天的亞洲投資會議。

到了醫院，醫生說，父親這一次胃癌開得很成功。整個胃都割掉，觀察一個星期就可以出院了。醫生跟我恭喜。78 歲的父親，在 5 年內，開心臟、開胃、開腦、再開胃，連續四個大刀，復原情況還這麼好，真是不容易。

這一天，我陪在父母身旁告訴他們，辭職終於准了。

16 年的工作生涯，終於可以暫停。要讓自己好好放個假，想辦法，讓枯槁的自己，重獲新生。

過去，一份 15 頁的簡報檔案，我可以和部屬、老總 review 五十次才定稿。不斷的保持專注、追求完美，變成永無止境的賽道。

最終發現，追求的目標大多不是為了自己，只是在社會定義成功的框架裡轉來轉去。自己卻已形同枯槁，像風乾的橘子一樣。不只是外皮縐褶不堪，連果肉都失去了水分。

沒想先算好退路，只想停下來，至少先試著停下來。就這樣，頭也不回的，放棄了朋友口中人人稱羨的「股王」工作。

為什麼選西藏？因為在那裡，只要靜靜地看著佩枯錯，就會流下淚來。

因為十年後，我可能已經不再行有餘力，能上得了珠穆朗瑪峰大本營。趁著我還有那麼一絲輕狂，還不夠瞻前顧後之前，拋開手中的一

切，冒險去吧！

　　冬天，攝氏零下 20 度，在 5000 公尺的高原上，這地球上最接近天堂的地方，放眼望去，三、四十平方公里，空無一人。那裡，變成一座巨大的磁場，任我釋放。

李君偉（威廉）

把車開出君悅飯店的時候，已經接近凌晨一點鐘了。6 月的台北，即便是在這樣的深夜裡，還是令人燥熱難耐。

會議剛結束，老闆的座車幾分鐘前才離開。大家討論、爭執、溝通了幾個小時，各有立場，各有堅持。散會的時候，所有人的臉上都掛著疲憊。

但我還不能回家，現在還不行。8 個小時之後，有一場大型的記者會就要舉行，根據剛剛會議的結論，許多資料必須要修改或重新準備。我得先回公司。

晚上能有時間打個小盹嗎？腦子裡閃過這個念頭，卻又立刻嘲笑起自己的天真。車子轉進基隆路，信義路口的紅燈顯得格外刺眼。肚子餓了，等會得先到便利商店買個飯糰充充飢。

把車停在 7-11 門前，下車燃起了一根煙。這麼深的夜，通化街夜市的人潮已經散去。

記憶猛然被拉回從前。3 年前，當父親病危、當我在醫院的長廊裡奔跑，值班醫師與護士匆匆趕來的時候，也是在這麼深的夜裡。為了不增加父親的痛苦，醫生放棄了急救，那天，在病榻，我數著父親就要停止的心跳，在那麼深的夜裡，直到望見第一道天光。

父親走的時候，還不到 60 歲。

工作的時候，覺得時間彷彿沒有盡頭。但人生究竟有多長？

　　我又想起剛剛會議中的許多臉孔。如果夠努力、而且夠幸運的話，或許有一天，我也能有那樣的地位與分量。但，我真的會因此而快樂嗎？

　　我不知道。捻熄了手上的煙，深深地吸了一口氣。人生能有多長？會有多短？如果明天自己就要因為意外離開這個人世，那我會不會為了我沒有做的事情而深深懊悔？

　　整個人深埋在工作裡的時候，自己和許多人、或者說絕大多數人一樣痲痺，習慣把這些問題用布套裝起來，塞進看不見的角落。偏偏自己也不夠聰明，沒有足夠的智慧，可以在忙碌的生活中給自己的思緒挪出一些空間，讓這些問題晾出來曬曬太陽，直到悲歡離合的事情碰撞上來，直到面對一些必須對自己誠實的時刻，才發現原來自己已經走了這麼遠，卻不太清楚為什麼是在這條道上，為什麼是這樣的方向？

　　還有選擇嗎？關於生活，關於過日子的方式？

　　我害怕有一天從夢中驚醒，發現自己只能過這樣的日子，只能這樣活著：披著上班族的身分，在企業裡戰戰兢兢地往上爬，追尋沒有人可以確定的快樂；我可能可以看見要往哪裡去，但不知道為什麼在這裡，為什麼是這條路。

　　45% 的天堂

　　生命的長短無從控制。我能猜想到自己的祭文上會怎麼描述這一生，卻不明白是誰替我做的決定。我害怕，從此只有一條路直通通地走向墳墓，再無他途。

　　生命中的各種可能性，若不去嘗試，永遠只能停留在「可能性」的階段。

　　選擇不是自虐，不是放逐。雖然有了新的選擇，也不代表你就必須放下現有的一切，投入全新的未知。

　　重點只是要有選擇。關於生活，可以選擇。

　　即便只是「可以選擇」的幻覺也好。

　　那天晚上，果然沒有闔眼。

Contents 目錄

出發之前

那是 2006 年 9 月的事了。我們攤開一大張中國地圖，坐在舒適的咖啡廳裡，夢想著旅行的路線。地圖上，青藏高原是個深色的區塊，沒有多少高山野地旅行經驗的兩個人，豪氣干雲地畫下一條橫越高原的路徑：從成都到拉薩，從拉薩到阿里，再沿著原路折返回來。

「冬季高原大穿越」，痛快啊！想出這個點子的當下，就覺得真該乾上一杯濃烈的白酒。我們沒有先做「可行性分析」，沒有多衡量自己的斤兩，在地圖上畫線的時候，衝動的成分居多，說嘴的意味也有一點。

等到事情越來越成形，等到兩個人居然都在同一天公告辭職，才意識到真有上路可能的時候，現實的問題就逐漸浮上檯面了。

馬丁先回家和老婆大人商量。小心翼翼的，深怕觸怒龍顏。

馬丁：老婆，我想去青藏高原玩。

老婆：好啊，你想去就去啊。（好爽快的回答）

馬丁：但可能要去一個半月，或兩個月耶！

老婆：去啊！（聽起來蠻誠懇，沒有酸味）

馬丁：……。

老婆：有一個條件（來了，條件來了）

馬丁：什麼條件？

老婆：你不能一個人去，一定要有朋友一起去。（還好，是這種條件）

馬丁：好，我會和威廉兩個人去。

老婆：那你要答應我，他不去，你就不能去。否則出了事，沒有人知道。

馬丁：好。

馬丁：可是行程要走 45 天到兩個月，你自己照顧小孩、爸媽，你怎麼會讓我去？

老婆：你想要做的事，不要遺憾。何況，你過去五、六年來，常常出國，出國一次就是好幾個禮拜。你要去西藏，跟你上班出國，沒有什麼兩樣。

家裡過了關，但靜下心來，很多事情必須仔細想過。我們太老了，沒有隨便收拾幾件衣服就浪跡天涯的傻勁；我們又太年輕，對於高原上的那個世界，沒有經驗，缺乏歷練。

第一個是健康的問題。那是隆冬的高原，代表著 4000 公尺以上的

海拔，零下 20 度的氣溫，與平地相比只有 45% 的含氧量。計畫中的路線在離開拉薩之後，還要繼續往藏西的荒原深入一千多公里，一旦出現急性的症狀，很有可能來不及「後送」。高原反應是無法掌握的變數，沒人能保證什麼，就算健康檢查報告上沒有那些難看的紅字也一樣。

既然是不能預防的風險，似乎只能用一種方式來面對。

「在我們兩腿一伸、壽終正寢之前，」威廉問馬丁：「你覺得，還有什麼時候，我們的身體會比現在更適合去走這一趟？」

事情就這麼定下來了。

豪氣干雲的話，說得漂亮，但強化體能的事情還是得做。背著幾十公斤行李在高原上闖蕩，就算能避過高原反應，自己總也不能一點底子都沒有。於是馬丁開始游泳、爬郊山，幾個星期的時間，練出一身漂亮的肌肉線條；威廉則密集地騎腳踏車，從新店騎到中壢、或者背著預先塞滿的 20 公斤背包踩跑步機。

網路上爬出來的資料說，運動可以讓身體比較有效率地使用氧氣，在出發前的一個多月，兩個人比學生時代參加運動會練得還勤快，一直到上飛機前的一個星期。威廉找到一份資料，告誡上高原的人必須有一段期間讓身體平穩休息，不要處於習慣大量耗氧的狀態下，運動才停了下來。

我們也試著在台灣買抗高山症的名藥紅景天，都說上路前先吃比較有效果，只是貨源實在不太好找，價格也偏貴，只好作罷。

第二是行程與交通工具的問題。冬天是西藏旅遊的淡季，我們規劃中的路線全是公路，常常會在這個季節碰上大雪封山、路面結凍的狀況，常規的陸路大眾交通工具幾乎全部停擺，唯一的選擇就是包車，包

下四輪傳動的吉普車與專屬的司機。

　　包車的成本很高，但我們要面對的不只是錢的問題。一路上很危險，我們必須找到有經驗的人、狀況好的車、有膽識的司機。在這個季節，單獨一部車走這條路線，風險非常高。理想的情況，我們應該多找幾個同行的旅伴，湊足兩部以上的車一起走，會比較安全。

　　這兩件事情，我們在台灣模擬，卻沒有辦法預先安排什麼。威廉看了幾個自助旅行的網路論壇，記下十來個曾經被推薦過的包車司機聯絡方式，準備一路上帶著，做為候選名單，其他的部分只能當面應變；至於招募同行的遊伴，據一些前人的資料上說，冬天的西藏，少見華人遊客，但膽大包天的西方人還是不少。我們這種冬季穿越的非常規行程，應該對外國旅客有一定的吸引力。

　　這種樂觀，其實經不起嚴格的檢驗。高原上的路況時有變化，被推薦的司機不見得願意在冬季跑我們的路線。就算成都、拉薩真有背包客對我們的行程有興趣，時間上也不見得能夠配合。認真看完一些資料之後，發現我們能做的，真的也只有這麼多。

　　第三是證件。對於「外國人」與「港澳台同胞」來說，進入西藏需要特殊證件，但這件事情同樣無法在出發前搞定，威廉嘗試著聯絡在台灣的幾家旅行社，全都沒辦法為自助旅行的遊客辦下所謂的「入藏證」，一定得到成都之後才能想辦法。

　　如果要進入一些靠近邊境的地區，據說還需要特別的「邊境證」，這也是台灣旅行社單獨辦不下來的東西。威廉於是跨海直接跟四川的旅行社聯繫，努力要把這些文件給搞定，但令人沮喪的是，掛牌的大型旅行社，不為單幫客辦這些東西，除非你加入他們的旅行團。

這麼說起來，雖然我們雄心萬丈，也試著盡可能的準備周全，但一直到了出發之前，身體的狀況仍然沒有信心，交通工具與行程仍在紙上談兵，甚至連正式的證件都還沒有著落。

如果這是份營運企劃書，大概在第一回合就會被打回票。老闆會將整份企劃書丟到你臉上。

但對於兩個剛剛卸下上班族身分的人來說，管他的！人生沒有非得怎麼樣不可，又怎麼會有十拿九穩的事？

上路吧！

旅遊書

雖然台灣也有一些西藏的旅行書，但我們覺得最有參考價值的，還是一些簡體作者的作品。我們整路上帶著的是《西藏行知書》，雖然一些食宿資訊不見得有時效性，但對於風土人情、景點、宗教、歷史等方面的介紹，仍然很有幫助。

中國的國家地理雜誌，有幾期特別製作了與青藏高原相關的專題，也非常值得一讀。我們在成都的朋友，送了幾本給我們在路上看，雜誌中的圖片，讓我們神往不已。

旅遊指南大概也是時代的眼淚。以地圖來說，包括 Google 的離線地圖，以及大陸當下許多電子地圖的線上服務，都能找到比 2007 年任何一份紙本更詳盡的資料，而中國三大電信商的網路覆蓋率，也足以讓遊人在大多數的藏區，包括阿里，都能保持連線。

第一代 iPhone 發表的消息，剛好是在高原上的網咖裡讀到的。對於我們來說，一個革命性的行動互聯網世代，就是從西藏開始。而從那之後，旅遊指南剩下的，只能是情懷了。

顏色盡蛻的幽暗中
瑪尼堆與經幡都隱沒了
那湖面　竟白得有些森冷
連星光也不閃動
驀然想起，在高原的邊上
本該是這從未見過的
荒遠的夜色

此去是高原

入藏證

決定改搭火車之後，進藏之前的曲折卻還沒有結束。
我們碰上了入藏證的問題，
這恐怕是現代社會中最神祕的一項制度。

　　原本的計畫是，從成都包車走川藏公路進西藏，來個高原東西向的
大穿越。成都一向是西藏旅遊的主要中繼站，世界各地的背包客都會在
這裡集結，根據原先所做的功課，在成都，包（租）吉普車和搭伙（找
遊伴）進藏應該都不成問題。

　　下了飛機、住進有點名氣的交通賓館，就隱隱覺得不對勁。傳說中
會張貼許多尋找遊伴告示的布告欄，全都是三、四個月前的舊帖子，賓
館裡冷冷清清的，沒有什麼旅人，連櫃台服務員看見我的神情，似乎都
有點驚訝。「今天晚上有房嗎？」「有，什麼房都有，多得很。」

遊客少，搭成團的機會就低了，找不到遊伴的話，只有兩個人分擔下來的包車成本，實在很高。威廉心裡盤算著、忐忑著，但願自己只是初來乍到，沒有走對地方。

　　第二天，連忙開始在成都市裡掃街，走訪幾個背包客聚集的旅店，打聽一下風聲。龍堂、驢友記、觀華、夢之旅，該去的地方都去了，得到的答案卻讓人沮喪；原來冬天的高原實在沒有那麼夢幻，別說老中，就連一向驍勇善戰的老外背包客，對於這個季節包車進西藏的主意，也大多敬謝不敏，淡季就是淡季，總是有它的理由。

　　最讓人洩氣的是，不到一個月之前，才有一個美籍遊客在川藏公路上失蹤，幾個背包客旅館裡，都還貼著中英文的尋人啟示。這個失蹤案鬧得很大，據說本地與國際媒體都有報導，風聲鶴唳連帶使得當局更加「抓緊」對於遊客的管制，原本從公路進藏，需要辦理特別形式的入藏證件，如今走丟了一個外國人，沿路上的武警公安此時恐怕都還處於繃緊神經的狀態，「偷渡」的難度頓時提高許多。

　　冬季找不到遊伴，原本只是錢的問題，現在扯上了失蹤人口，情況就更複雜了。出租車輛的旅行社，要不就獅子大開口，要不就表明需要10天、甚至兩個星期辦證件，但我們既不是肥羊，更不願在成都耽擱十幾天。好不容易在觀華青年旅館問到一個不一樣的答案，結果卻也一樣令人心碎；這裡沒有哄抬包車費用，似乎也願意帶我們闖闖看，但司機打聽了路況之後，發現前幾天川藏公路某些路段下了大雪，封了山，單獨一部車硬闖實在太危險。

　　「為什麼要挑最危險的方式入藏呢？」開車師父一臉狐疑地問我。我笑了笑，沒有回答，我們是來找罪受的嗎？應該不是，那只是結果，

不是原因。

計畫趕不上變化。我們才到了成都，把這些狀況摸清楚之後，發現公路進藏的想法還是得擱置，情勢到底是比人強。

既然公路走不成，我們又都不願意搭飛機，那麼剩下來的選擇只有火車了。青藏鐵路剛剛開通沒有多久，很熱門，號稱是中國當前最先進的列車，但全程空調兼供應氧氣，加上服務員來回穿梭看顧，總覺得這樣進藏的方式太舒適，實在不是我們想要的調調。

如今也沒有其他的選擇。

決定改搭火車之後，進藏之前的曲折卻還沒有結束。我們仍然碰上了入藏證的問題，這恐怕是現代社會中最神祕的一項制度。

參加旅行團的遊客，幾乎都會在報價單上看到這項支出，入藏證的價格，每人從數百元至上千元的人民幣不等。

價格高昂且不統一，只是入藏證神祕的地方之一。最有趣的是，並沒有多少人真正見過這份文件。根據旅行社的說法，入藏證是由導遊保管，因為每一個「團」只有一張，如果這個旅行團有數十名遊客，那一紙薄薄的入藏證將價值新台幣好幾萬元，怎能隨便交給旅客攜帶。

所以，這是一個你付了錢卻摸不到、見不著、也不會因此受檢的證件。

儘管網路上有許多朋友嚴重質疑入藏證的必要性，但就像大部分人的心態一樣，為了不要因為這樣的瑣事掃興，我們還是向旅店櫃台的小妹子詢問代辦入藏證的程序。小妹子一聽到我們要辦入藏證，眼神馬上亮了起來，開始向我解釋辦理流程：我必須先買好往拉薩的火車票，他們拿了車票，才能辦入藏證，一個人 400 元人民幣。

這樣的說法讓我們起了疑心。既然我無須證件就可以買到火車票，為什麼還需要入藏證？小妹子原本已經收了我們的台胞證，快速地準備傳真出去，好「啟動」她的代辦程序，但卻被我們硬生生擋了下來，決定自己到火車站問個明白。小妹子把證件還給我們的時候，充分流露被迫吐出到口肥肉的不情願神情。

在成都火車站，我們硬是找出值班站長，試圖確認入藏證的問題。「哪要什麼文件？」那站長想都沒想：「有車票和身分證件就可以上車。」

就這樣，我們當下便決定省下入藏證的支出，拿來升等成軟臥的鋪位。一直到我們離開西藏，沒有任何人曾要求我們出示這項證件。

這是不是特例？我不能確定。但我們是追根究底的鳥兒，不願意還在旅行的起站，就放棄任何的可能。

2016 年，終於得見
真容的入藏證。

由成都坐青藏鐵路上拉薩，總計 48 個小時，軟臥價人民幣 1104 元（15 年來沒有變動）。坐火車好處不少，但現在得檢查入藏證了。

買票很方便。嫌成都火車站購票窗口排隊的人多，可以到火車站前的各個銀行，設有窗口買青藏鐵路的票。沒有排隊人潮，只收你一、二十元人民幣服務費。在冬天，遊客極少，我們二人住四人臥舖車箱，很舒服。夏天沒向旅行社買，很難買得到票。

冬天的青藏行，旅行社仍提供服務。但也已經有線上的售票系統可以使用。初入拉薩，坐火車是一個很好的選擇。坐飛機易有高原反應。若要省錢，公交車也可以坐，但除非你是老手或能吃苦的年輕人，否則不建議。飛到西寧再上火車去拉薩，最有時間，也看到了最美的路段。

2007 年後，隨著藏區與中印邊境的不平靜，入藏證的管控越來越收緊；加上辦證收費所涉及的重大經濟利益，當年沒有證件、在西藏闖蕩萬餘公里的事情，現在只怕不太容易了。除了入藏證（進藏批准函）以外，部分景點還需要申請外國人旅行證，甚至是軍區批件，而有些地方，則乾脆不對外國人開放。

一年超過四千萬人次的觀光產業，讓辦證的遊戲規則透明了許多，已不復當年神祕，但隨之而來的就是墊高的旅行成本；還有，需要嚴格規劃遵守的行程，也失去了路隨心走的自由行樂趣。

青城山逃票

冒險犯難的大頭症頓時發作起來。兩個人決定試試看。

逃票的領隊是兩個人一組，心裡琢磨著，這兩人身材不大，

真要動起手來，未必打不過他們。

逃票這樣的事情，說起來實在不怎麼光彩。這天在青城山下的經驗，卻讓我們永生難忘。

從成都開往拉薩的列車，每隔一天才有一班，上路之前，我們給自己安排了個成都周邊一日遊。兩個人對於熊貓都沒什麼興趣，樂山大佛、峨眉山和蜀南竹海又太遠，最後定案的是都江堰和青城山這條路線。

都江堰是實實在在的古蹟，整個景區的面積很大，徒步走完之後已經接近下午 3 點了。我們連忙搭上一班都江堰與青城山景區的區間巴士，希望能把握時間儘快上山；可能是時間晚了，乘客不多，巴士晃晃悠悠地開著，大約過了半個小時，眼看已經接近青城山腳下了，沒想到，巴士居然靠邊停了下來。

停在這裡做什麼？司機完全沒有要說明的意思，只是面無表情地趕人下車，而所有人下車之後，巴士立刻 180 度掉頭，揚長而去。我倆面面相覷，這是什麼地方呢？肯定不是終點站，離前後市鎮看起來也都有一大段路，我們活像是被丟包的偷渡客。

四處張望了一下，確定沒有接駁的車輛。公交巴士可以這麼幹嗎？為什麼要這樣？在內地搭過各式各樣的交通工具，這種半路甩人的情況還是第一次碰上。我們很錯愕，其他幾個當地人似乎感覺稀鬆平常。我還在盤算著，要不要打電話向朋友求救，或者徒步走上一段，所幸一位同樣被丟包的「同伴」很有經驗的攔住了一輛過路小轎車，正好可以帶我們到景區入口，有驚無險。

回想起來，在青城山的整套震撼教育裡，這只是前菜罷了。

在所謂的景區入口下了車，遊客中心的接待女士很客氣的告訴我

們，距離半山上的售票處，還有一段很長的距離。剛剛半路趕人下車的巴士，應該要把我們送到那裡去才對。

換句話說，如果我們要上山，理論上就必須在這裡等待下一班巴士。問題是，如果這些巴士都在半路丟下乘客折返，那我們只怕在這裡等到太陽下山，也見不到下一班巴士的影子。這是在開玩笑嗎？我們兩個人孤單地站在候車亭旁，呆滯地望著冷清的上山路，許久見不到一輛車經過。這青城派的武功在小說裡，雖然不見得特別厲害，但總還是個名門正派，怎麼今天到了山腳下，卻像是鬼打牆般不得其門而入？

正一籌莫展的時候，幾個當地人從路口朝著我們圍過來。路上沒有其他人，彷彿就像碰上攔路打劫，卻又無處可逃的場景。

「搭車嗎？前山後山？」

其中一個中年男子向我們解釋，他可以開自用車帶我們上山，領我們進風景區，不用另外買門票。景區門票一張100塊人民幣，讓他帶我們進去，一個人只收60塊。

這就是傳說中的逃票了吧？大陸著名風景區的票價高昂，一向是很有名的。一張票省下40塊錢，足足可以買80個鮮肉大包子，或在成都旅店住上兩晚，乍聽之下，似乎蠻吸引人的，而當地人熟悉地理環境，多少也知道一些小路巧門，票價雖然打了六折，對他們來說卻幾乎是無本生意，這種「靠山吃山、靠水吃水」的地下行業，難怪能歷久不衰。

我們兩人的第一反應都是不妥。這天下午沒有看見其他的觀光客，萬一這些人使點心眼，把我們帶到什麼莫名其妙的地方，那就很麻煩了，這裡畢竟是他們的地盤。我們先是回絕了他們，走到了另一邊的車牌等下一班公車，這些人也糾纏的很，其中一個傢伙一句話踩到了我們

的痛腳：「你們等巴士，那可有得等了。」

是啊，我們正愁不知道等不等得上巴士，眼看已經過了 4 點鐘，沒有什麼時間了。

時間緊迫，冒險犯難的大頭症頓時發作起來。我們商量了一下，決定試試看吧。逃票的「領隊」是兩個人一組，心想，這兩個人身材不大，真要幹起架來，我們未必打不過他們。

捨棄油路不走，我們坐上的一部破舊夏利小轎車，載著我們東折西拐地繞著山裡的窄小產業道路。十幾分鐘之後，在一個山溝裡的路邊停下來。開車的中年男子留下他的電話號碼，由另外一個年輕的小哥領著我們開始進山。小哥一翻身，走離了道路、往山溝裡鑽進去。「來啊！往這走。」他一股腦地朝我們直招手，就走進了樹林裡。

小哥走的哪裡是路？勉強只能算是獸徑，雜草之間只能依稀看到一些腳印子。我們兩個人試著快步跟上，卻走得踉蹌，年輕小哥在山溝裡上上下下地繞行，我們怎麼也跟不上，他穿著一雙帶跟的舊皮鞋，健步如飛，我們穿著高科技的登山鞋，卻只能在後面氣喘吁吁。

又過了 20 分鐘，當我們開始汗如雨下的時候，兩腳逐漸酸軟，心裡也越來越緊張。回頭已經看不到那產業道路了。我們在這個前後無人的荒棄山溝裡，不知道要被領到哪裡去。這裡，不就是打劫殺人最佳的地點嗎？我們又正好已經消耗許多體力，想跑跑不了，想叫也沒有人聽得見。

小哥在前頭氣定神閒地走著，我試著問他，還有多久能到？結果只得到全中國通用的標準回答：「快了，快了。」不一會兒，眼前突然出現一間荒廢的石造小屋，緊張與警戒頓時升到最高點。這真是強盜棄屍

都江堰寶瓶口附近的民居。

的好地方啊，等一下如果從屋裡竄出幾個人來，除非他們手裡有槍，不然一定得拚他一拚，孤家寡人沒有關係，馬丁老婆小孩都在家裡等著，這可怎麼辦才好？

　　腦中好幾個念頭快速地轉著，開始要馬丁走慢一點，走在後頭，保持一段距離。心想，如果萬一真出現什麼狀況，兩個人，還有一人有一點時間反應。馬丁臉色凝重的說，要把皮夾裡的大鈔藏進暗袋裡，威廉這個時候腦袋還清醒的回答，可能沒有什麼用，山裡的強梁宰了你，總會搜口袋的？

　　我們繼續走著，一方面是因為上上下下地爬山，一方面是因為緊繃的情緒，或者就說害怕得冷汗直流，反正身上的衣服很快就溼透了。還沒有真正進到西藏，如果在這個地方遭遇橫禍，還真是不能甘心。

　　心念轉著、汗流著、腳步踏著。終於，又過了十來分鐘，見到一座道觀。想像中的梁山泊好漢沒有出現，小哥向我們收錢的時候一臉無辜，沒有發生什麼意外，自己卻像是大難不死後般虛脫。

　　我們到底還是進了景區。令人莞爾的是，剛剛徒步翻山、花了太多時間，最後我們還是沒有辦法好好看看這青城山。

　　坐在景區裡的湖邊，稍微喘口氣，太陽已經下山，天還亮著。兩個人明明還餘悸猶存，但當下，我們都沒有再多說，甚至多想關於「萬一」、「如果」之類的假設性問題。

　　因為明天之後，還有一整段隆冬高原的旅行在等著。

青藏鐵路

冬天的乘客少了，稀稀落落的。等到景色越來越荒涼，
終於再也按耐不住，打開列車走道旁的小氣窗，
讓風吹到臉上，車外的氣溫，只有零下 15 度。

瓷杯

　　冬天的乘客少了，稀稀落落的，原本有四個鋪位的軟臥包廂，這一趟就只有我們兩個人。某個遊人曾在書上寫道，在中國搭火車、能夠獨享一整個軟臥車廂，是老天賜予的幸福。想到這裡，心裡暗暗高興著，選擇這樣的季節上高原，或許，原本也就值得老天爺特別照顧。

　　兩個下舖之間，靠窗的那一邊有張小桌子。馬丁從包包裡拿出兩只小瓷杯，輕輕地擺在桌上，連同一瓶茅台、一些滷菜。為了這酒菜，我們幾乎張羅了一整天。賴瑞和（《杜甫的五城》作者）走相同路線入青海的時候，在西寧買了隻香酥鴨和瀘州老窖，車經青海湖之際，他正大口啃著鴨肉、手裡斟著烈酒，那樣的情境，我們兩個人心中不知道羨慕、揣摩了多少次。這天，既然真的也能走上這段路，說什麼也得仿效仿效。

　　為了買到喝白酒的瓷杯，兩個人在成都街頭走了一下午，一般的小賣店裡幾乎都沒有這樣的東西，最後在大超市的角落貨架才找到。兩只小瓷杯不過人民幣幾塊錢，但在我們模擬的情境中卻太重要，瓷杯的容量不大，斟滿了白酒，剛好就是可以一飲而盡的分量，空杯子放回桌上的時候，還能敲出響亮的聲音。有了小瓷杯，兩個男人豪氣喝酒的動作才能行雲流水，才能一氣呵成，才能鏗鏘有聲。今天晚上，在往高原的路上，這瓷杯是最重要的道具。

　　現在，小瓷杯就端放在小桌上，像是啟程典禮上懸掛著的大紅布條。

　　是啊，這頓火車上的晚餐活脫就是場啟程典禮。窗外已經暗了，火車平穩地駛著，兩個人分坐在小桌兩側、各自斟滿一杯酒，興奮莫名地仰頭乾掉。一直到列車啟動之前，這一切上高原的計畫，都還只是紙上

談兵，都還可以回頭，而現在，已經沒有反悔的餘地了，火車不會停的。明天，我們會穿過青海湖的北岸，再往南穿過可可西里；後天，火車要翻越唐古拉山，抵達拉薩。兩個人扒了幾口酒菜，很快又喝掉一杯，碰杯的時候，敲出清脆的聲響，彷彿十八年後又是一條好漢那樣。

究竟為什麼，要來走這一趟？酒意逐漸湧上腦門，這也是兩個人第一次相互問起這個問題。

心裡一些隱隱約約的想法，當下，卻說不太明白。有股意念撩動著兩個人的情緒，太過激動、酒勁太強的時候，反而講不清楚了。兩個人談起選擇，談起過去走過的那條人生足徑，談起快樂，談起目標，談起價值，像拼圖一樣一塊一塊地散在桌上，看不出全貌。

或許是離開台北幾千公里遠了，想起之前的生活，彷彿得透過望遠鏡，調對了焦距才能瞧得明白。

藉著酒意，大是大非也沒有那麼嚴謹了。

突然記起一首詩：「騎牛遠遠過前村，吹笛風斜隔隴聞；多少長安名利客，機關算盡不如君。」黃庭堅看著騎在牛背上的牧童，悠閒地吹著短笛，不禁要想著，那些在長安，整天機關用盡的傢伙，哪個能比得上這牧童自在？

重點是，又有多少人看得清自己呢？我們大概也都是「長安」的名利客，並且很多很多時候，我們「夢裡不知身是客」。

該是，學學當個牧童的時候了吧！兩個人行雲流水地、一氣呵成地、鏗鏘有聲地，又乾掉了一杯。

也不知道究竟乾了多少杯。不勝酒力，終於沉沉睡去，嘴角還帶著茅台的香氣。

湖水

你在子夜時分把我喚醒
列車停了，以及大風
零下十五度的高原的邊上
聲音也凍結了

昨晚痛飲的酒意還沒有消退
卻總識得車窗外的那一片星空
你指著遠方，地平線的那端
黑黝黝的山巒環繞著一片銀白
反射著月光，還有星光的
平整的白
該是一泓湖水吧，夏日陽光下如寶石般碧藍的那種
褪去了華服，才能在
海拔四千米的寒夜裡現身窗前

顏色盡蛻的幽暗中
瑪尼堆與經幡都隱沒了
那湖面　竟白得有些森冷
連星光也不閃動
驀然想起，在高原的邊上
本該是這從未見過的
荒遠的夜色

往哪裡去呢？這趟路

我若不是在這車廂裡

或許就該立於營火乍熄的氈房之外

群星靜靜凝望

用胸腔感受空氣裡的冰涼

雪融的季節來時，再趕著羊群到那湖濱

啜飲一口甘甜

我說你

列車啟動之前，再來一盅好酒吧

趁著醉意未退

還有好幾千公里的路

清晨時分，列車正駛過凍土層上的高橋，拖曳出長長的影子。

山口

　　夏天一位難求的列車，如今顯得格外清靜。一早醒來，陽光已曬得刺眼，包廂外長長的走廊，只有幾個服務員偶爾走過。

　　列車很平穩，也確實很進步，每個軟臥包廂內居然還有電視。而車行過了格爾木，真正進入高原地區之後，還得全面禁煙，因為那特別設計的氧氣供應設備開始運轉，連氣溫、氣壓都要監控。

拜這些先進科技之賜，除了窗外快速流動的奇異風景以外，除了眼睛以外，身體的其他感官幾乎完全察覺不到自己究竟是在什麼樣的一個地方，彷彿坐在自家客廳裡，看那大尺寸的液晶螢幕播放著國家地理頻道。

等到景色越來越荒涼，等到列車兩側的曠野再也見不到一株綠樹，我再也按耐不住，偷偷地打開走道旁的小氣窗，讓風吹到臉上、吹到緊握相機的雙手上。早上十點多鐘，我第一次感受那寒冷居然這麼刺痛，真實無比的刺痛。車內的監測儀器標示了車外的氣溫，零下 15 度。

經過唐古拉山口的時候，跑馬燈上還特別打出了海拔數字：5078 公尺。旅客微微地一陣騷動。雖然是在這先進舒適的車廂裡，但這輩子，何曾到過這樣的高度？自己就像小孩子一樣，難以遏抑地激動起來。

錯那

看我們抓著相機東跳西竄地照個不停，列車服務員好心的提醒我們，這天下午會經過錯那湖。

服務員是個年輕的漢族小女生。她把她的手機遞給我們，裡頭有幾個月前在火車上拍下的照片；手機螢幕的解析度不高，但還是看得出錯那湖彷彿近在咫尺，有綠色的湖水閃著天光。只是，她有點遺憾地說，湖在幾個星期前已經凍住了，密密實實地，只留下一片白。

那又有什麼關係？無論如何，這都是我們在青藏高原上所見到的第一個大湖。旅遊書上說，錯那湖是全球最高的淡水湖之一，海拔 4650 公尺，最重要的是，它也是怒江的源頭。

　　火車的速度逐漸放慢下來。服務員說，列車會在離湖邊最近的地方暫停幾分鐘，這是青藏鐵路的重頭戲之一，列車長也樂於多體貼遊客一些。那銀白的湖畔還在地平線的邊上，先浮現窗外的是一彎寶藍色的河，沒有結凍的河。流動的水是不凍結的，這就是怒江源頭嗎？這麼清澈而平靜的水，在枯黃的高原土地上，河水的藍有大海的色澤。

　　而列車完全靜止的時候，距離湖邊，恐怕只有十來公尺。湖面確實已經冰封，不過，在高原大風的吹拂之下，積雪變成一波波的淺浪，露出底下銀灰色的湖冰，在車窗外沉默地定格。湖畔放牧的牛羊還在，我坐在車內，渾然無覺於車外的低溫與酷寒，只想著，如果，能在那湖畔溫上一壺酒。

　　清晨時分，列車正駛過凍土層上的高橋，拖曳出長長的影子。

清透的眸映著蒼山
有澄藍深邃的天色流轉
我說 她是荒原裡遺世索居的歌伶
用嫵媚蒼白人間的繁華 呢喃時萬物俱寂

拉薩方圓

新修的中尼（尼泊爾）公路。午後風起，沙塵像海浪般陣陣襲過。

羊卓雍錯。

在公路邊上的卡若拉冰川，海拔 5400 公尺。

江孜白居寺十萬佛塔。

拉薩八廓街裡，專心繪製「唐卡」的師傅。
老一輩的畫師諄諄教誨，畫唐卡的人要有佛的肚腸。

　45% 的天堂

1、2 八廓街上轉經朝
拜的藏民。

3、4 拉薩色拉寺，辯
經僧人。

5 享受日光的年輕
藏人，中尼邊境
樟木小鎮。

6 馬丁在雪山前，
往佩枯錯的路
上。如今髮色已
不復當年烏黑。

初見拉薩

遊人總是浪漫的，總自私地希望百姓們能保留舊日的生活，
這樣，過客們才能在短暫停留的當下，
品嚐到預期中的情調。

　　列車緩緩駛入火車站的時候，已經是傍晚 6 點多鐘，因為時差的關
係，天還大亮著。

　　做為拉薩的門面，這車站和火車本身一樣令人錯亂。雖然早就聽聞拉薩近年來的快速發展步調，但當你站在月台上、那現代化的鋼骨建築結構與拋光金屬色澤映入眼簾的時侯，還是不免疑惑，這個藏族人心中的聖城，那統治者，究竟要在它的重要門戶之前彰顯些什麼？

　　長長的電動手扶梯平穩地將你送到出站口，像你在香港赤蠟角或法蘭克福機場搭乘過的那種。這車站坐落在拉薩南方，隔著拉薩河遙遙地

可以望見布達拉宮。然而在過度浪漫與終究失落的情緒中，你總覺得這是一個太突兀的建築，應該被擺在那些膜拜現代化精神的城市，而不是在這塊謙遜的高原土地上。

計程車把你送進市區。一路上，那高聳的布達拉宮不曾從眼中消失，只是你也看見了簇新的飯店大樓、現代化的商場、連鎖的餐廳，以及有著繽紛招牌的「休閒場所」。車行在平坦的柏油路上，久久都不曾顛晃一下，你注意到，許多穿著傳統藏袍的路人正在講行動電話，而剛剛對向經過的幾部車，先是本田最新一代的車款，再來，似乎是寶馬的休旅旗艦。

直到車子來到大昭寺近旁，稍稍出現與想像中比較對稱的街景。一問之下你才明白，原來這八廓街周邊的城區，是官方頒定的傳統建築保留區，總算還有木雕多彩的窗櫺，點綴著刷白石造的古樸牆面。而拉薩的其他地方，幾年前就已經陸續被新式建築所佔領，就連尊貴的布達拉宮也包圍在一片鋼筋水泥中，顯得寂寞不已。

遊人總是浪漫的，總自私地認為這聖城的百姓應該義無反顧地、甘之如飴地保留舊日的生活，應該抵抗所有科技與文明的侵入，這樣，過客們才能在短暫停留的當下，品嚐到他們預期中的情調。想到這裡，心裡不由得暗自發笑。

既然現實不是這樣，那就留在這個倖存的老城區，當一隻隨遇而安的鴕鳥吧。反正背包客的自助旅行旅店也大多集中在這個區域，包括叫得出名號的八朗學、吉日、雪域、亞賓館。這些小旅店住著來自世界各地的旅人，剛剛來到這個蛻變中的城市，或許也都跟你一樣，有著相同的嘆息。

北京路街景。

高原反應

廚子轉過頭來，瞪大了眼睛說：

「你們探險隊的啊！這個季節哪有人去阿里？」

在青藏鐵路的火車廂裡，氧氣充足，感覺不到已經上了高原。但一到拉薩火車站，下了火車，背起了二十幾公斤的大背包，人開始喘了起來。吸不到充足的氧，動作就得慢下來。為了穿越月台，我們扛起了背包下了地下道，穿過月台隧道，爬了幾層階梯。這一下一上，你可以聽到每一次呼吸在耳邊迴盪。這才知道，什麼叫做高原缺氧。

在拉薩，氧氣的濃度只有平地的 63％，人的氣力消失大半。你無法走得快，只能一步一步、紮紮實實的踏穩向前的步子。

第一天到拉薩，很擔心會出現高原反應。冬天不是旅遊旺季，房價都打了不錯的折扣，我們在背包客的聚集地亞賓館選擇一間很不錯的標準房，備有衛浴設備與暖氣，並依照旅遊書上的指示，好好休息一天。

我們住在三樓，每爬幾階樓梯，就得扶著把手、停下來，喘得上氣不接下氣。看到領房的藏族小妹，用飛快的速度跑上、跑下為我們張羅房間，兩個中年男子看傻了眼。

青藏鐵路的火車裡，我倆熬了 48 小時沒能洗澡。進了旅館，威廉說，管不了這麼多了，得好好洗洗。馬丁當然不能一個人在房裡發臭。兩人輪流洗了個大澡，再把換洗的衣服好好搓洗了一番。哪管得上旅遊書上的提醒「入藏第一天，不准洗澡」的禁令。至少，我們沒有瘋瘋癲癲的、又跑又跳的。

沒有想到，當晚，高原反應就發作了。馬丁的喉嚨開始隱隱作痛！乾涸的鼻子，擤出了鼻血！

馬丁心裡開始擔心，但口裡卻一派輕鬆地跟威廉說，沒有關係，坐飛機，鼻子都常常乾得流鼻血，這裡冬天乾燥，流鼻血也是正常的。過兩天，習慣當地乾空氣，就會好了。

去吃飯吧。

拉薩的第一晚，我們挑了家招牌很新的小館子「重慶餐館」，享受了一餐。胖胖的廚子是個四川廣元人，來了拉薩 4 年，終於在下個星期要回鄉看孩子、老婆。我們叫了三樣菜，吃得很過癮。由於只有兩桌客人，另一桌藏人一走，他就坐在我們旁邊的一桌，喝茶、抽著煙，與我們聊起來。

廚子：大冬天的，怎麼這個季節來啊？

威廉：只有這個時候有空啊，而且旅客少有旅客少的好處。

廚子：準備去哪玩？納木錯前幾天下大雪，封山了！

威廉：我們想去阿里。

廚子：（原本眼神無魂的看著前方、啜著茶、抽著煙。聽到阿里兩字，左手的茶放在桌上，嘴上叼的煙用右手拿了下來，轉過頭來，大眼瞪著我倆）去阿里？你們探險隊的啊！這個季節哪有人去阿里。

二人：（心中一涼）還不知道去不去得成，闖闖看吧。

隔天一早起床，希望能找個熱粥喝，說不定對喉嚨會好一些。到了亞賓館旁的「姊妹餐廳」吃粥，那老闆娘問我倆要去哪兒？聽我們要去阿里，她扯起嗓門像是對這兩個二楞子發威似的說：「能去嗎，不都大雪封山了。路還能通嗎？」

我和老闆娘抱怨著：「好了吧，別嚇唬我們。昨天已被嚇一次了。」她說：「你看這幫忙的小妹。她就是從普蘭來拉薩避冬的。現在連去普蘭的路都已經封了。」

管他的，不想再想了。先喝了粥，拚命灌熱水。我戴上了口罩，盡可能的保持口腔的溼度，照顧好喉嚨，其他的事，再說吧。沒想到，一到下午，喉嚨愈來愈痛。支氣管炎與頭痛不處理好，接下來可能引發肺炎與腦水腫，那就會是典型、惡化的高原反應。若出現此症狀，可能有生命危險。我決定在惡化前，去拉薩的醫院，看看醫生怎麼說。

　　在拉薩，不怕找不到醫院。每條主要的大街上，醫院都有好多家。找了一家三層樓的綜和醫院，從外面看，頗具規模，但進了門，卻發現一樓的燈光非常昏暗，沒有看到任何一位病人，心裡開始覺得毛毛的。既然來了，還是得試試。掛號的小姐問我，是要看藏醫，還是西醫。喉嚨痛，應該看西醫比較有效。掛號小姐叫了西醫醫生出診。正在休息的醫生，顯然是被我打擾了，一臉心不甘情不願的出來看診。

　　醫生：來，先量個體溫。症狀如何？

　　馬丁：喉嚨痛，鼻涕中帶血。

　　醫生：頭痛不痛（頭痛是很嚴重的事，怕有高山腦水腫）？

　　馬丁：不痛。

　　醫生：來西藏幾天了？

　　馬丁：昨天到的。

　　醫生：有一點燒，38 度，喉嚨在發炎，感覺上可能是高原反應。你們昨天有洗澡嗎？

　　馬丁：有。洗了個熱水澡。

　　醫生：（很兇的說）怎麼可以洗澡。從平地到高原，皮膚的分泌物有自然的保護調節作用，一洗澡就沒用了。這點常識都不知道嗎？

馬丁：知道。

醫生：怎麼可以這麼不小心。

馬丁：……

醫生：得打針，要馬上把症狀壓下來，再帶藥回去吃。前一陣子，幾個外國人，因為高山症死在拉薩。你這樣的情況，不能去旅行。如果明、後天有惡化的情況，就要馬上下山。等好了再上拉薩。

馬丁：好吧，就打針吧。

馬丁被帶進二樓觀察室去打針。二樓的燈，比一樓還暗。觀察室裡已有三床的病人在挨針，還有幾位家屬在看電視。護士一次帶了兩大瓶、兩小瓶點滴，另外還有一劑皮下注射劑。馬丁說，不會吧，要開刀哦，一次拿這麼多瓶。護士說：「有的是補充體力，有的是退火的，一支是消炎針，多打幾針，對你只有好處。」醫生則要我先去拿藥。一大包塑膠袋的藥。總共付了人民幣 200 元。

戴上了氧氣面罩開始吸氧，馬丁開始打點滴，威廉則回了旅館。但威廉等了三個半小時，馬丁還沒有出現。威廉怕馬丁真的出事，回到醫院，看到馬丁出了滿身大汗，這才放下心。

馬丁睡到了隔天中午，發現已經開始逐漸適應高山的氧氣濃度，對自己的身體比較有把握。那重慶餐館的菜，做得還不錯，決定再去打個牙祭。在餐館裡，一群人在隔壁桌，我們就聊了起來。原來他們也是要去阿里的。

他們是電力公司的人，要去阿里的獅泉河去出差。他們兩輛吉普車結伴，大約要連趕六天的路，才能到獅泉河。他說，這個季節在阿里，風大到連下吉普車都會站不住，冷得馬上給凍住。

往阿里走，是我們這一行的期待，但隨著高原反應、大雪封山，甚至當地人視我們這個季節去阿里是探險隊的瘋狂行徑，接下來行程會怎麼發展，沒有人知道，前途似乎是一片未知。我倆心中充滿了忐忑，但還是彼此打氣，積極的為接下來行程開始部署，進行準備。不能被這天氣、被稀薄的氧氣給輕易的擊倒。

清粥的滋味

在整晚零度下的低溫凍了一整夜，當冒著煙的粥湯沿著食道，
緩緩滑進胃裡的時候，有一種被拯救的感覺。
我以前真的喝過粥嗎？心裡不禁疑惑起來。

我們是在青藏鐵路的列車上喝到這趟旅行的第一碗粥，也就是一般的白粥，列車裡唯一的早餐。依稀記得隨附的是幾道涼拌的小菜，切成小丁的白蘿蔔，醃漬過後染成了怪異的粉紅色，還有浸在醬油和香油裡的菜豆丁。在空調、氣壓調節的先進車廂裡，這粥實在沒有引起我們太多的興趣。手裡端著粥碗，我心裡惦記的卻是燒餅夾蛋，或者，包子配上豆漿也不錯。

沒想到的是，到了拉薩，還是同樣的一碗清粥，滋味卻完全變了樣。

一早，太陽還沒有露出頭來，我們兩個人在亞賓館門口，身體像凍在冰櫃裡，搓著手四處尋找早餐店，氣溫不知是零下幾度，呼出口的白氣比抽菸吐霧時還旺盛。這裡當然不會有「美而美」，不會有楓糖鬆餅加拿鐵咖啡，不會有 NY Bagel，我們心裡清楚；我們所求不多，只要有一點熱的東西可以暖暖肚子，也就過得去了。

終於在藏醫院路旁，見到一家門口冒著熱氣的小店，我們趕緊入內，各自拉了張小板凳坐下。沒有太多的選擇，老闆先送上來一小碟粉紅色蘿蔔丁，這才知道當地人叫這「泡菜」，隨後又送上兩碗白粥、一籠包子。

臨桌坐了兩個廣東人，正在聊著昨晚彼此喝酒作樂的糗態，當我嚼著沒多少餡料的包子的時候，還有一搭沒一搭的聽著，直到用兩手捧起碗，喝下了一口粥。

「啊⋯⋯」

我倆不約而同地張開嘴，從喉間輕輕呼出一口氣，吐出一聲長長的嘆息。粥煮得很稀，大碗裡頭大概只有三分之一喝得到米粒，但那一點

都不重要，當冒著煙的粥湯沿著食道緩緩滑進胃裡的時候，你有種被拯救的感覺。

這是我們到拉薩的第一天早上，前晚才戰戰兢兢地警戒著高原反應，而現在，竟然是一碗清粥，比什麼紅景天、高原胺的膠囊藥丸，給了我們立即而實實在在的勇氣。

我又端起了粥碗，大大地喝下一口，這回，把眼睛也閉上了。粥還在口中的時候，用舌頭輕輕攪拌，白米的香氣慢慢地浮現出來，然後才連同一股熱力、溫溫潤潤地化進身體裡。

我喝過粥嗎？看著藏醫院路上來往的行人，心裡不禁疑惑起來，一碗五毛錢人民幣，我以前，真的喝過粥嗎？

上一次在台北喝粥，是什麼時候的事情？依稀記得是在某一個剛結束 KTV 派對的深夜，在台北復興南路的某間店裡，帶點微醺的酒意。幾十樣小菜大菜排在清潔明亮的餐台上，看得人眼花撩亂；而粥呢？盛在烤漆鍋裡的白粥，濃稠地像果凍似的，還錯落夾帶著好幾塊地瓜。

我記得那畫面，但我卻怎麼都想不起，那台北的粥，是什麼味道。

高原上是不產米的，所有的米都是從內地或印度運進來。白米來自於你身體熟悉的海拔，除了溫度以外，那米香也無意間成了我們與所來處的連結。

於是，我們愛上了這粥。

從拉薩到阿里、走川藏、到雲南，每天早上，我們像尋找久別的愛人一樣，在街上尋找冒著熱氣的粥桶。經過一晚的酷寒、半夜裡抽筋，或凍醒多少次，好不容易挨到天亮，每一碗清粥，都是一個救贖。

土旦丹增

他的商品老舊，價格沒有競爭力，

連行銷、簡報、談判交涉的技巧都不高明。

但那圓臉上樸拙的笑容，實在讓人舒服極了。

「丹增」這樣的名字其實不是那麼陌生。二月河的《康熙帝國》故事裡，就有位叫「羅布藏丹增」的部族首領，在青藏高原邊上與清朝軍隊大玩捉迷藏的遊戲，最後卻被康熙的謀士用一盞油燈捕捉了行蹤。正史中確實也有羅布藏丹增這號人物，據載他改穿女人的衣服，成功躲過清軍的追捕，在他流亡的三十一年間，還不斷挑起當時中國西疆的戰火。

這裡要說的這位「土旦丹增」，是個跑旅遊車的藏族師傅，專門載著遊人往西藏的各個角落去。

最初是在自助旅行的網站上見到這個名字，雖然立刻聯想起機關算盡、刀光劍影的羅布藏丹增，但推薦網友寫得明明白白，這位土旦丹增處處替人著想，像個親切的長輩般照顧人，這般云云，只差沒在他的名字旁打出五顆星。我撇著頭，不太確定地把他的電話加入行程備忘錄裡。

等我們來到拉薩，馬丁用電話聯絡、「面談」過幾個跑車師傅，最後倒也毫無異議地決定，把整整 18 天的阿里行程交給丹增。那丹增不高，短夾克底下撐著圓滾滾的身材，五官分明是藏族人的輪廓，總帶著份莫名的喜感，咧開嘴笑的時候露出一整排牙齒，順便擠出一道明顯的雙下巴。

我們邀請他進賓館的大廳詳談，丹增卻寧可坐在露天的停車場旁說話。他的報價並不是最便宜的，他的 4500 越野車也已有 11 年車齡，這位丹增甚至不認得中文字，討論路線圖的時候，只能靦腆地畫出一些點線，寫不出地名。換成現代的商業術語來說，他的產品老舊，價格沒有競爭力，連行銷、簡報、談判交涉的技巧都不高明。

但說真的，比起其他花花腸子透心眼的「候選人」，他圓臉上樸拙

的表情實在讓人舒服極了，才剛剛見過一次面，就直叫人放心。

　　丹增走過許多地方，二十歲不到就出來學開大貨車，天南地北的送貨。後來女兒出生、年紀漸長，才改開旅遊車。前幾年還載了某個中國科研機構的團隊，把西藏境內考察了個通透。一些漢族司機對冬季的阿里心存忌憚，這丹增卻似乎很有掌握，哪裡有難渡的河口，哪裡可能沒有油料補給，哪裡可以露天野餐，用他那文法不太通暢的漢語，竟也說了個明白。

　　出發前，為了應付冬天的阿里，丹增仔細檢視我們的裝備，開車載著我們在拉薩市裡採購不足的衣物、糧食與藥品；他不往高檔消費的地方走，卻領著我們鑽進當地人的傳統市集，像台北市環南市場的那種，牙膏洗髮精的架旁擺著小學生用的藏文練習本，鐘錶攤的隔壁專賣各式鞋襪。在密密的人流與濃郁的酥油味中，丹增一個攤位接一個攤位的殺價，就為了替我們找到兩個便宜的保溫水瓶，和一只 2 塊人民幣的結實麻袋。

丹增穿的是雙普通而陳舊的皮鞋。他說，在阿里，白天腳汗與濕氣全鎖在鞋裡，而鞋墊經過一晚冰凍之後，隔天常常一下子就要溽濕腳底；他認真地提醒我們得多買幾雙替換鞋墊，但我倆卻沒有告訴他，其實我們腳下是 Gore-Tex 登山鞋，沒有不透氣的問題。如果他把我們當自己一般關心設想，我們也希望他知道，無論對或不對，無論有理無理，我們就喜歡他這樣。

　　動身的前一天晚上，我們的行李中除了食物飲水，還多了許多紅景天、感冒藥、退燒藥，甚至是補充體力的葡萄糖。不過這一路上能帶上的，最讓人喜歡的，恐怕還是丹增的笑容。那種你才見過，就知道會懷念許久的笑容。

　　也算工作過一些時日，我應該已經學會怎麼苦笑，怎麼強作鎮定地笑；我似乎也知道什麼是輕蔑的笑、什麼是故弄玄虛的笑、什麼是交際場合的笑、什麼是背後藏著刀槍的笑。但什麼樣的笑容才會讓人懷念？

　　我差點就忘了。

在出發之前，我們先找好了十來個在四川、西藏地區開車的師傅名單，以便到當地聯絡。開這種旅遊車的師傅大多是「個體戶」，人好不好、車子狀況理不理想，對於路上的遊興會有很重要的影響，如果沒有先透過口碑過濾一下，心裡很難放下心。

在台灣的「背包攻略」（http://www.backpackers.com.tw）討論區裡，可以找到許多自助旅行朋友推薦的川藏地區開車師傅資訊，包括姓名、聯絡方式、車輛種類，甚至是開車資歷等等，多虧了許多「驢友」的熱心分享。

另外，在搜尋網站上利用「西藏」、「包車」、「師傅」、「司機」這些關鍵字，可以找到一些大陸朋友的心得遊記，其中，也會有一些可以參考的資料。

四川成都有一些大型的旅行社，可以代為安排包車的事項。請旅行社是一種比較省事的做法，但與旅行社搭配的師傅，比較缺乏口碑可以參考，而且，旅行社也會抽取一定比例的佣金。

最重要的是，藏族師傅通常比漢族師傅更熟悉路況，也了解藏區的情形。健談的藏族師傅，等於是個免費的導遊，多花一點心思選擇，絕對值回票價。

15 年後，透過同樣的方式，還是有機會找到好口碑的開車師傅，但另外花錢聘一位導遊、已經成為強制的要求。一位專心開車，一位專業解說導覽、可能也順便「管控」遊人的旅遊行程；而正規的司機導遊都需要「靠行」，要省下旅行社的佣金，自然也越來越困難了。

大昭寺

怎樣的執著，能夠在零下的極地裡，

一路長頭磕往大昭寺？

會不會，我們也都在自己的世界裡，磕著自己深信不疑的長頭？

一早來到這裡、藏民們已經在八廓街上匯成一條轉經的長河，也在大昭寺前的小廣場上密密麻麻地聚集，磕起長頭來。

那轉經的人流與磕長頭的群眾們，彷彿從這寺建立起來就沒有停過，每天都川流不息。

磕頭的藏民跪地、俯身再起，一下接著一下，額頭上磕出一塊黑黑的印子，也把地面上的黑石板磨得光亮。轉經的藏民們，有些只是默默地走著，有些則念念有詞，你記得旅遊書上有寫，那是在誦經，或是在念六字箴言。

第一次站在這裡的當下，非常震撼，尤其當你回想起台北的街景。你已經習慣在街上匆匆地往哪裡去，心裡記掛著幾分鐘後在某處的行程。路上的行人都一樣，匆忙兩個字不只寫在臉上，根本就是掛在身上的一串鈴鐺，快步走路的時候，叮叮噹噹地大聲作響。

除非是等候著誰，或者是外地來的遊客，否則街上不是讓人心安的地方，你幾乎不曾停下腳步。你以為在街上晃蕩是感情受創、工作不如意、迷失方向的副作用之一；你以為，做正經事的人不屬於街頭，而應該屬於某個現代裝潢的辦公室隔間，某家帶點文化特色的餐廳，或者屬於某棟有警衛的住宅大樓。反正，不是在街上。

一早來到這裡、藏民們已經在八廓街上匯成一條轉經的長河，也在大昭寺前的小廣場上密密麻麻地聚集，磕起長頭來。

拉薩有了這寺，藏民們的生活似乎就聚焦在這裡。他們上街不為別的，不為購物、不為趕路、不是為五斗米折腰，這轉經的八廓街，就是他們的起點和終點。磕頭的人則磕仆在大昭寺前，在高原的天光下虔誠禮敬，哪裡也不去，什麼也不想。

根據我們的定義，眼下這些，都不是些正經事。你以為這是一種儀式，一種與神靈溝通的儀式，你也揣想這得花上多少時間，甚至粗魯地以為這是一種浪費。你想起某些史家曾說，唐朝透過文成公主把佛教傳入西藏，就是為了讓這個民族溫馴。你看，多麼成功，藏民們如今既不射獵、也不尚武，甚至不在乎功名利祿，只是把生命拋擲在永無止境的磕頭與轉經路上。多麼沒有生產力，多麼沒有競爭力，連那儀式本身看起來都沒有效率。

　　還不如去上網、玩線上遊戲、窩在沙發上看幾個小時電視；還不如泡在咖啡館裡閒扯；還不如把金庸小說讀過第三遍，再到交友網站上看看有沒有順眼的陌生人。

　　嗯？

　　你在一旁靜靜地看著、搓著手、縮著脖子，久久地，看著他們用這種奇異的方式支配時間。人群一圈又一圈的走著，俯拜在地、起身，又俯拜在地。你的腦中紛亂地轉著，想起社會學上的制約，想到政治上的權術治術，想到古老的信仰，甚至想起低落的國民生產毛額與種族邊緣化的困境。

　　你覺得你可以想出一百種利用時間的方式，能比轉經和磕長頭更讓這個地區富強。如果導入現代化的管理精神與更多資本主義的開發手段，藏族人的平均年收入或許能提高好幾倍，觀光業、文化業與天然資源產業也可以賺更多錢；如果導入更多現代化的教育制度，藏族人對於外面的世界會有更多的了解，會對於比爾‧蓋茲、川普、王永慶的成功故事，有更多的認識。

　　有那麼一瞬間，你覺得自己真是聰明過人，又有悲天憫人的情懷，

你希望藏人的生活能過得更好。

　　再那麼一瞬間，你覺得自己真是愚蠢至極，自認生活過得精彩，自己緊繃的面容裡卻見不到他們的從容。

　　陽光終於露臉了，大昭寺前的裊裊香煙，在初昇日光下格外具象。轉經與磕長頭的藏民口中仍然念念有詞。你聽不明白，只看見就算是再蒼老的臉上，也有清定的眼神，望向前方。

　　突然間，你又想起，這一切，會不會其實只是選擇的問題？只是另一種執著到底的選擇？

　　會不會，你也只是以你自己的方式、以你自己的邏輯，在自己熟悉的世界裡，磕著你深信不疑的長頭？

大昭寺的金頂。

太陽剛剛升起，大昭寺廣場上轉經的人流。

天葬輪迴

喪家拜託他，把屍體送到天葬場。
遊客們愛搭的豐田旅行車，
正好是載運大體的首選。

坐了幾天的吉普車，和司機丹增也熟了。他突然告訴我們，這部車，常常拿來載運屍體。坐在後座的我，背脊馬上冰涼，覺得後面躺著人。

　　整個西藏的旅遊吉普車，幾乎都免不了如此。

　　藏人對死亡，充滿了超脫意象。

　　天葬在漢人「人死全屍」的觀點來看，殘忍可怕。若從藏人的觀點來看，卻是最後的布施，極度環保。反射出藏人對死亡的深度文明。

　　藏人死後，會將屍首送往天葬場。天葬師磨好刀子，快速的除去往生者的頭髮，背部以十字形狀劃開，或剖、或槌、或剁的解剖大體。在這個過程中，送大體來的親族友人，必須將大體與天葬師圍在中間，手持木棒用力拍打飛來搶食的禿鷲。禿鷲非常的大，你用棒子打牠，也不用怕會傷著牠。

　　天葬師解剖大體的過程中，鮮血往往會濺出，若沾上衣物極難清洗，剖完大體後，會先給禿鷲身體的骨頭，再給肉，再給頭，腦取出後，與糌粑混合，再給禿鷲。待解剖完畢，天葬師念完經文，禿鷲就會一湧而上，短短的一、兩分鐘內，大體就分食完畢。

　　想像這種場景，實在令人極度震撼。開車的師傅如數家珍的仔細說明著。

　　師傅說，藏人死後，必須先安放在床上不能動，家人會請得道的喇嘛念經，甚至打電話請遠赴印度的得道喇嘛在印度代為念經。死者的頭骨頂端就會開一至三個洞，這個洞的直徑有如筷子

45% 的天堂

直徑般大小，魂魄就會由這些洞中飄走。魂魄走後，屍體就被視同石頭、泥土無異，可以進行天葬。

給禿鷲吃了，等於回歸自然。土葬反而污染土地，只有罪人才會用土葬。

師傅說，人死後，魂魄只留一年，在死後四十九天裡，藏人會天天燒香，並到廟裡點酥油燈，一年之後，他的魂就會完全離開了。所以藏人不祭祖。魂都走了，而且輪迴轉世了，祭祖等於是在拜已經輪迴的人了。這樣的輪迴觀念，比漢人的輪迴觀念更有邏輯性。

我們問師傅：為什麼他對天葬這麼有研究？

他說，他是開車的。村子裡，沒有幾個家裡有車。因此，當村子裡有人死了，喪家就會拜託他將屍體載去天葬場。送天葬，怕家人太傷心，通常都是找一個好友或親戚，與其他幾位職業的送葬人一同前往天葬台。直系親人是不送天葬的，避免看到自己親人的解剖過程，過度悲愴。友人在送天葬時，必須仔細觀察大體，看看腦袋頂端是否開足三個洞，讓魂魄飛散。

開車師傅說，由於他有車，因此他通常就會被喪家委託為村裡那個「送葬友人」。他不但要送葬，還要看著屍體被解剖，看完後還要回去對喪家報告，天葬師對解剖遺體的觀察報告。至於天葬的費用多寡，純看心意。一千、兩千可以，二十、三十也可以。非常窮，不給天葬師也可以。

他語帶輕鬆地說：我們坐的豐田4500，行李箱比較大，是載屍的首選。因此，村裡面的親友，家中有人變故，就會請他開車送天葬場。他若是在家，絕對不會拒絕親友的託付。即使明天要出旅遊團，他也會

和別人換班，以送葬為先。你們也不要怕，覺得吃了虧，坐上了送屍車。西藏旅行用的越野車，多半是司機擁有的車。因此，在西藏所坐的越野吉普車，十之八九，都是常常載屍體的。當然，一般旅行社是不會承認的。

他談起來神色輕鬆，我們坐在車上，聽了可是毛骨悚然，整個背都陰冷了起來。不自覺地，往後面的行李區望去，想像著後面常常載的大體。

死亡對於多數人，是個永遠的未知。對藏人而言，死亡似乎是某種程度的已知。藏人面對死亡的開放態度，反射出整個民族對於死亡的文化深度與精神文明。

在部分的藏傳佛學院裡，喇嘛會躺在天葬台上，大聲的呼喊自己已死。你可以看到天葬台上，經年累月敲屍敲出的凹洞。葬台旁，還有散落的屍布。活生生的喇嘛，就躺在那兒高喊著自己已死，訓練自己習慣面對死亡，視其為無物。

這樣的磨練，沒有文化的背景支持，實在令人難以想像。

受困日喀則

日落之後，所有的機關單位就要開始休長假了。

公安鐵著一張臉說，

沒有邊境證，別說是阿里，就連珠峰都去不了……

早上 11 點左右，我們由江孜出發，往亞東方向走，想去看多慶錯，那個曾經讓我們看著圖片就流下眼淚的地方。

由於我們沒有辦理邊境證，心裡非常不安。師傅打包票說，沒有問題，你們是台胞與日本人，不用辦邊境證。邊境證是防止藏人或內地人透過邊境「逃」到國外去的。台胞與日本人，有護照，隨時可走，根本不必逃，因此，不需邊境證。

講得很有道理。這是出發的第二天，我們都懷抱著興奮，看到一大群山羊擋路，高興的跳下車來，與羊群玩在一起。

然而，只和美麗的嘎啦錯和多慶錯，相隔一個山口，我們卻被邊防檢查站的武警硬生生地攔了下來。我們好說歹說，嘗試著解釋，他們拿著的規章，是 4 年前的過時版本規定，現在中央已有新的規範。武警語氣雖然和緩，態度卻十分堅決，容不下我們對他們的裁決有所挑戰。沒有邊境證、沒得商量。

原車折返回一個鄰近的小縣城康馬，師傅領著我們直接進當地的公安局，請同是藏民的局長幫忙。只是，小縣城的層級太低、核不出我們這些「外國人」的通行許可。他建議我們到日喀則辦辦看。

公安告誡我們，如果拿不到邊境證，不但去不了亞東，連喜馬拉雅山的珠峰、無人區阿里都去不了，那行程豈不全部都會毀了。一早高興的氣氛，突然讓人驚覺，這個玩笑真是開不起。而且，今天已是 12 月 31 日，下午就沒有什麼人上班。我們跟師傅討論，這問題得趕快解決，如果連放兩、三天假，我們的行程將會卡在日喀則，動彈不得。

丹增卻提醒，這裡新曆年不只有放 2、3 天的假。在藏區，新曆年放假 8 天。

這下可慘了。

丹增到日喀則，選擇住進剛堅旅館。這是班禪喇嘛所開設的旅館，就在札什倫布寺旁。他說，班禪大師與中共中央的關係一直保持得很好，因此，這裡的人，與官方比較常打交道，會有比較好的溝通管道。

他請旅館裡的一個年輕小伙子幫我們確認邊境證的相關規定。這會兒，得仰賴藏人自己的人際網路。

他們打了幾通電話後說：「沒問題了，一定可以辦下來。」他要我們先去札什倫布寺走走。札什倫布寺是黃教六大寺廟之一，是班禪大師的主寺，也是日喀則最重要的寺廟，沿著山坡一路闢建上去。我們隨著當地的藏民，光繞寺廟走一圈，就花了將近一個半小時。計畫著明天一早再入寺參觀。

在半山腰上，丹增接到電話，告訴我們拿到邊境證了。我們高興的跳了起來。哈哈，真是峰迴路轉，2006 年最後一天，為我們開了一道最後的善門。

在中國，當別人辦事告訴你「沒有問題」時，千萬別高興的太早。回旅館後，旅館的人拿給我們一張邊境證，告訴我們多幸運。因為，12 月 31 日不但是最後一天辦證，而且日喀則在 1 月份，不辦旅行用邊境證。如果要辦邊境證，任何人都得回到拉薩去辦。聽得我們差點暈了過去。直說，太幸運了。

然而，當我們仔細核對這張邊境證時，才發現日本團友堀內義人（Yoshito Horiuchi）的邊境證中，所註明的放行區域與我們的不盡相同。阿里地區、獅泉河並沒有列在其中。

我們在出發前就知道，在西藏，各種證件是否要辦，像是謎團一

樣，可以有十種完全不同的說法。

我們最後決定自己開車到武警那兒去確認這張邊境證，到底可以走到哪裡去。但到了武警的單位，連門都進不去。大門口的警衛板著臉說，下班了，明年再來。我們在門口晃著晃著，另一個武警好心的說，去旁邊小房間，我幫你們撥電話進去。裡面的人說，明天早上十點半來辦辦看，會交待值班的人幫忙，是否行得通。

要拖到明天，若是真放假，沒有人辦。或是又出了新的問題，那可怎麼辦！

我們回到剛堅賓館，找到委託代辦的人，這個人收了錢，算是負責任，回了電話。我們把所有的證件，包括台胞證、護照再次交給他，讓他去辦。1個小時後，他說，日本人不能去阿里，我們兩個人的邊境證，是整個西藏都可以走的。

我們問為什麼？他說：日喀則有權利通過全中國，包括港澳台的邊境證，但只有拉薩有外事單位，才可以簽發日本人的邊境證。我們又問，那他為什麼可以去珠峰與樟木，他說，這又在授權內。

真是奇了。這種說法，實在完全不合邏輯。但又能怎麼樣呢，天已經黑了。

折磨了一天，我們兩人拿到了證件，但要怎麼和 Hirouchi 解釋呢？原本要一起去阿里的，看來他只能到樟木，再過三天就得下車了。硬著頭皮，睡前，告訴了 Hirouchi。這讓大家都不好過。氣氛像外頭的氣溫一樣冰冷。今晚過年，找個地方喝一杯吧？馬丁有點喪氣，搖搖頭。威廉自己上街找酒吧去了。

才是出發的第二天，就出了狀況，這一路，不知還有多少意外。

札什倫布寺一隅。

寺外轉經道上的騾車與老少。後方山坡上的建築白牆，是每年
舉行曬佛儀式的地方。

德意志木匠

我們都顧慮過多，所以注定無法用他們的方式去經歷這世界。

我學著聰明的為未來著想，

在那個晚上，卻覺得軟弱。

第一次見到他們，是剛到拉薩的頭一晚。我們吃完晚飯，沿著北京東路散步回旅館，迎面出現四個穿著戲服的西方年輕人，那只有在歐洲傳統節慶才看得到的傳統服飾，走成一排，在滿街藏民中格外引人側目。

我以為他們是在某個酒吧表演的老外，吊帶緊身長褲加碎花領白襯衫，實在不像是旅人的打扮，最重要的是，那身穿著根本不能禦寒。當晚拉薩入夜的氣溫，肯定在零度左右，我們縮著脖子，拉了拉大衣領口，心裡頗不是滋味。

沒想到，幾天之後在新定日小鎮，居然又碰見他們，原班人馬，還是同樣的行頭。

冬天裡荒涼的小鎮，根本不可能有什麼酒吧，更別說開業需要老外表演。忍不住好奇，我們上前與他們攀談，才知道這四個從德國來的大男生，原來根本不是什麼酒館藝人，而是不折不扣的自助背包客。他們都是木匠，身上穿的則是德國傳統的木匠服裝。從歐羅巴到亞細亞，他們就這樣一路穿著，穿過沙漠的時候也是，翻越帕米爾高原的時候也是。

他們笑著說，前天才剛去了珠峰大本營，其中一個男孩在五千多公尺的大本營附近，興奮地又跑又跳，結果犯了高山症，吐了一地。就這樣，讓我忐忑不安的高原反應，他們講起來像剛打了一個噴嚏。

晚餐的時候，四個人湊成小圈玩著撲克牌，共享一瓶啤酒。不一會兒，酒喝光了，服務員靠過來問他們要不要再來一瓶，其中一位抬起頭來，請我們幫忙告訴服務生，不用了，他們沒有錢了。

他們說，他們四個人，有兩個已經旅行 3 年了，另外兩人是後來才加入的。一路上，旅行的錢花光了，就隨便找些零工做做，存到一點旅費，再繼續往下一個地方出發。過去幾年，他們都是用這樣的方式旅行。這一行走完了西藏，下一站就要往尼泊爾，再來或許是印度，也說不定到越南、到泰國。他們會繼續用那身木匠打扮，不停地走下去。

走到什麼時候呢？我們沒有再問，這四個德國男孩，似乎只有一位能講一點簡單的英文，而他們牌局還得繼續。

第二天，我們離開旅店的時候，天才剛亮，他們都還沒有起床，沒能跟他們道別。不過，那還不是我們最後一次見到他們。當我們從珠峰大本營下來，回到中尼公路上的時候，又在某個荒僻的小城邊瞥見他們的身影。那身裝扮，實在是太顯眼了。

我們的車呼嘯而過的時候，他們似乎正在跟當地人交涉些什麼事情。這樣的季節與地點，如果是包車，肯定要被狠狠地敲上一筆。如果是找零工，我實在想像不出來藏人們有什麼活可以請他們做，德國的木匠手藝，能幫上什麼忙嗎？

怎麼辦？我不由得暗暗替他們擔心起來，天這麼冷，他們的行囊看起來又如此單薄。

天色暗下去，風彷彿更大了些。

我的擔心，注定讓我沒有辦法用他們的方式，去經歷這個世界。或許，這就是自己與他們之間最大的差別。

我瞻前顧後，學著聰明地為未來著想，在那個晚上，卻覺得軟弱。

藏家少女

教授像小雞似的被按在地上，扒光了全身的衣服。

光天化日之下，只能孤零零地坐在院子中間，簌簌發抖。

藏族女孩該是什麼模樣？我說的不只是外貌皮相，我說的還有性情。只要你在大昭寺前站上半晌，就可以看得明白。

坦白說，即使已經進到西藏，我還是沒有清楚的概念。漢人殖民的數量太多了，一路上，幾乎沒有什麼機會跟藏族女孩子說上幾句，除了拉薩早餐店的那個藏族妹子。我們都叫她普蘭妹，從千里外的普蘭到拉薩來打工，還是個高中生。在拉薩的那幾天，早上喝粥吃包子的時候總會碰上面，偏偏她靦覥得很，我好奇的鼻子嗅不出什麼端倪。

普蘭妹要是走在街上，大概跟多數年輕的拉薩女孩差不多，身材並不特別高大，拜高原紫外線之賜，皮膚黑黝黝的，但臉頰上總泛著一抹紅。普蘭妹老穿著一件仿西式的棉絨外套和束口的運動長褲，在小小的早餐店裡忙進忙出。算帳時，我倆總是開玩笑地要她打折，她只是不知所措地傻笑。

我一度以為，藏族姑娘們或許都是這樣怕生害臊。

但丹增卻不是這樣說的。丹增說，大約是上高中之前，惡作劇的藏族青少年常常聯手扒光玩伴的衣服。一群女孩可以將一個男孩扒得光光的，連一件內衣都不剩下。

扒光衣服不為什麼，只是起鬨嬉鬧罷了，但長大之後，這種惡作劇的權利，還在女孩子身上繼續保留著。丹增說，他之前載的一個研究團，有一位漢族教授因為言語輕薄，有意調戲一群藏族婦人，沒有想到這群婦人就和他玩了起來。他親眼看到這群藏族婦人聯手把教授像小雞似的按在地上，扒光了全身的衣服，在光天化日下，讓他自己一個人孤零零地坐在院子中間的板凳上，低著頭簌簌發抖、雙腿發軟，藏族婦人們則遠遠的圍在旁邊，喜孜孜地在旁偷笑。想起那漢族男人驚嚇過度的

表情，丹增笑得有點幸災樂禍。原來，這藏族女孩，也可以是這般豪氣的？我有些難以置信。

　　這天，我們來到珠峰山前的小鎮新定日，住進簡陋的旅店裡。一個可愛的藏族女孩充當起服務員，我們坐在傳統藏家的客廳中，看著晚餐的菜單，老半天下不了決定。突然，那女孩用藏語咕噥了幾句話，屋子裡的其他藏民頓時哄堂大笑起來。

　　我倆連忙問丹增，女孩講了些什麼？只見那丹增臉上一陣青白，連忙跟我們道歉，大約是那女孩說話不修邊幅，請我們別放在心上之類的，當下竟也沒有解釋清楚。

　　一直要到第二天，我們離開旅店之後，我又向丹增追問，丹增這才尷尬地全盤托出。原來，我們點餐時猶豫太久了，那女孩開玩笑地說：

　　「點老半天，乾脆炒份牛睪丸讓他們吃好了！」

　　這下子，輪到兩個自以為見過世面的男人，半天合不攏嘴。

旅人臉譜

送他進邊境海關的時候，

忍不住想問他，心裡是不是藏了很多事。

他回過頭來，望了望我，年輕的臉上帶著滄桑。

很早就知道，快樂好難。我們在不可主控的環境裡，擔憂、享受親情，掙到可以說服自己的社會地位。

曾經嘗試著辯證，快樂是相對的。所以，如何創造「較佳」的社會地位、財務狀況，就比較容易提升人的滿足感。生命追求的動能，因此產生。

結果並非如此。人生走了一段，才發現自己的膚淺。快樂與滿足無法建構於比較上，相對性會在不同的時空中推移，出現新的相對環境。起心動念，永遠在於自己。

既然在於自己，每個人的人生選擇如此不同，生命的多元就讓人覺得意外的美好。當你願意佇足觀賞，每一個人對生命的角度，有了不同臉譜。

上海來的劉先生，三十來歲，自助旅行的老手，第三次到西藏來。輕簡的裝備，住在我們隔壁房的大統舖裡。講起話來，有一股沒心眼、爽朗的明快，沒事兒就在賓館的大廳裡找人聊天。他熟門熟路的摸上大昭寺屋頂曬太陽。他笑著說，下頭是眾生對著他磕著長頭。

他說，這是他第二次辭掉工作出來旅行。他存了點錢，自然而然地，就再度回到拉薩，下一站要去尼泊爾的加德滿都，再往印度、南亞走，去看泰姬瑪哈陵。最後如果還有錢，他會再去東南亞看一看。反正留下最後一張機票，回到上海。在上海，他不怕找不到工作。

遇見他的最後一天下午，他搭的車到了亞賓館門口接他。一輛小發財車，像個聯合國。車頂上已載滿了其他人的行李，司機把他的行李再丟上去，用麻繩狠狠地綁住。客滿的乘客，多數是藏人，也有印度人，他是唯一的漢人。他說，沒想到超載了，這三天的行程，得輪流到後行

李空間蹲著了，但他還是蠻不在乎的笑著，祝我們一路好運。

亞賓館對面，有個矮房子音樂酒吧，有青稞酒可以喝，淡淡的酒氣裡有青稞微微的酸甜。在那兒，我們薰醉了好幾次。矮房子音樂吧的老闆，是個滿族鑲藍旗的前朝東北貴族之後，如今在西南的拉薩落腳。選擇一個不願意有負擔的人生。

他喜歡和客人喝酒。天南地北的聊。

酒吧的小木房子，曾經是班禪喇嘛父親的，政府可能會以古蹟名義收回。老闆說，就這麼過著吧，一天是一天。

有一晚，他與我們兩人同桌閒談。他說：昨天有個自稱詩人的漢族男士到這店裡喝酒，喝了霸王酒，我讓他走，他不走，還騷擾了其他客人，只好報警。公安隊長問這詩人來西藏何事，這位老兄酒意正濃、瀟灑地回答說：「我來這裡找感覺！」一副詩仙醉臥笑公卿的模樣。

沒想到那公安隊長也是性情中人，說著：「找感覺吧！」當下朝著他鼻樑重重揮上一拳，揍得他魂飛魄散。公安隊長對著那驚惶的「詩人」說：「找到感覺了沒！」

這老闆除了賣酒，也賣西藏、印度、尼泊爾、雲南一些民族音樂的光碟與影片，不久也才因為一張記錄天葬儀式的 VCD 惹上官司，罪名是「傷害民族感情」。幾年前，自治區政府才因為顧及藏族人的感受，全面禁止遊客參觀天葬過程。

原來他已經是兩個小孩的爹了。妻小都安排住在蘭州。至於為什麼不接到拉薩來。他不願意多談。

在亞賓館的散客房裡，一床 20 元，流水似的，背包客來來

去去。

　　Daniel 是法國人，有張年輕英俊的臉龐，剛到西藏第一天，就睡在隔壁床，他努力地翻閱著 Lonely Planet。對於旅行，似乎還沒有準備，他問我們拉薩哪裡好玩，還可以去哪裡？這樣的旅行，似乎也是一種可以學習的態度。生命的偶然，無法做好完全的準備。

　　同寢室裡也有兩個韓國人，一個天津南開大學的韓國留學生，整個冬天都待在西藏。幾個韓國人，一週前去了北方的納木錯，因大雪封山而折返。我們卻幸運地在三天前硬闖成功，看到了畫裡的天界。我們介紹他們再往尼泊爾走。另外一團廣東來的年輕人，在我們介紹的司機領

路下，成功的闖進納木錯。

　　準備開自行車用品店的香港人，在酒吧裡啜著酒，看起來很年輕，一副天塌下來與他無關的樂天模樣。合夥人是一個泰國年輕人，戴著深度的眼鏡，整晚低著頭，拿著 PDA 與小鍵盤、專心地在 MSN 線上聊天。

　　常在賓館院子裡丟火把的是個加拿大人，練了幾天，好像漸入佳境。

　　徐小妹從廣州來，在拉薩待了三個多月，晚上偶爾在酒吧裡兼個小差。瘦瘦弱弱的小女生，說她從來沒有見過，像我們這樣背著飼料袋旅行。看得出來，在她不時的笑容下，有一股深沉的憂鬱。我倆都不想跟著掉進她的憂鬱裡，因此，不想多問。她看著我們旅行的照片後說，下次來，她也要好好走一趟。臨別之前，送了我們半盒的紅景天。

　　在路上偶然見到幾次的日本情侶，穿著特別高檔顯眼，用不太流利的英文向我們解釋，他們接下來要去尼泊爾。

　　在我們到處貼布告尋找同行搭車旅客時。有一位陶先生來訪，他是個黑黝、精壯的山東人，約三十來歲。他猶豫了許久，最後還是放棄跟我們一起同行的念頭。隔天，我們在參觀布達拉宮的路上，見到他牽著另一名年紀相仿的男子的手。我們相互點頭微笑，祝福著他。

　　從拉薩往尼泊爾邊界城鎮樟木，我們有一位同行的日本友人 Horiuchi，23 歲，一個臉上少見笑容、念建築研究所、卻休學一年的日本男孩。

　　他說，他向母親借了錢，準備出來旅行一年。他隻身來到西藏，因為旅遊證件不足，卡著他四處去不得。我們最後只能幫著他取得到樟木的證件，但無法幫他如願去看神山、聖湖。

分手時，我們結算拆帳，看到了日本人的嚴謹。從那張記錄沿路所有開支的小紙頭上看出來，細小的字體與數字，井然有序地排列著。

　　威廉幫他提著電熱毯，送他進邊境海關的時候，忍不住問他，心裡面是不是有很多事？

　　他望了望威廉，年輕的臉上居然帶著滄桑。「Yes.」他淡淡的說。接下來，除了尼泊爾以外，他還要往印度、泰國、越南而去，帶著沉重的行李，在肩上，在心裡。

他們騎著自行車，從英國和法國來到阿里。這麼冷的天裡，所有的行李就這麼掛在車上，幾十天前，他們剛剛翻越過帕米爾高原，每天推進二、三十公里。

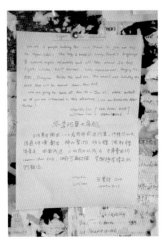

為了尋找同行照應的遊伴，我們在好幾個自助旅店張貼告示。Horiuchi 因此得以聯絡上我們。

珠穆朗瑪

不曾經歷過的那種開闊深遠，
一下子迷惑了我們對空間的感知能力。
腦中浮出的形容詞一個換過一個，總都覺得蒼白、覺得淺薄。

珠峰正名

以前從來沒有弄清楚，為什麼這世界第一高峰有這麼多名字。

原來喜瑪拉雅是山脈綿延幾百公里地橫臥在西藏與印度、尼泊爾交界處，而其中那座海拔 8848 公尺的山頭才叫做珠穆朗瑪。如果說喜瑪拉雅是世界屋脊，珠穆朗瑪就是其中最突出那一節。

珠穆朗瑪的藏文原意指的是「第三女神」。在藏族的神話世界裡，喜馬拉雅山脈包括珠穆朗瑪在內的五座雪山，其實是五位女神的化身。珠峰則排名第三，負責掌管人間的神通與先知。

西方人卻多稱珠穆朗瑪為埃佛勒斯峰（Everest）。在拉薩尋車前往珠峰大本營的遊客布告，一律都把目的地寫成 EBC（Everest Base Camp）。中國國家地理雜誌裡有篇專欄，對於這種名稱混淆的現象提出嚴正的抗議。原來，Everest 是當年英軍占領印度尼泊爾，時任英國駐地測量局局長的名字。測出珠峰海拔的測量員，為了逢迎拍馬，或者表達他對長官的敬意，局長居然就這麼與世界第一高峰齊名了。

如果說這是從未被發現過的山峰，英國人愛怎麼稱呼它便罷，但早在幾百年前，藏族人就稱它為珠穆朗瑪。中國雜誌替這種強冠名稱的行為，毫不客氣地扣上帝國侵略主義的大帽子，也呼籲所有血性的中華兒女，起來「打倒強橫的帝國遺緒，修正荒謬的歷史錯誤」。

我沒有被文章撩動，真要說起來，歷史的錯誤又豈止這一椿。珠穆朗瑪也罷、Everest 也罷，哪有那麼大的仇恨冤屈。

但今天，當我來到這處山口、遠遠瞭望的時候，我還是偏心了。

天很青，沒有一朵雲，也沒有任何一座山能夠遮擋那山的身影。這是這趟路以來，我第一次被眼前的景象所震懾，望著望著，居然忍不住眼淚。

好個大丈夫，好個男子漢。

於是我很自私地、衷心地，希望這座遺世獨高的雪山是位女神，而不是啥勞子局長。

加烏拉山口

這山口的名字，叫做加烏拉。往大本營，一定得先翻過這裡。

翻山的碎石與灰土路，曲曲折折地，U 型彎一個接著一個，我們笑著說，好像是北宜公路的九彎十八拐。後來聽丹增講起，才知道上行得轉七十幾個大彎，下行還有六十幾個，北宜路的彎彎拐拐加起來，不過是這裡的零頭。

路修得簡陋，狹窄蜿蜒的盤山車徑旁沒有任何安全擋石，偏偏這會兒又是深冬，路面不時鋪著一層薄冰，只要方向盤一個不留意，整車就要往近千公尺的山腳下翻落。

也不知道是出於對丹增的信任，還是鴕鳥心態作祟，我倆刻意不去想這些險處，只顧著說笑。路太顛了，照相機派不上用場，馬丁乾脆拿出攝影機拍起影片來，兩個人一邊興奮地計算著，究竟要在玉山頂上疊幾座 101 大樓，才能及上我們現在的高度。一邊則沒頭沒腦地，說些豪氣干雲的旁白。直到看到不遠處有大片的經幡飄揚，丹增鬆口氣說，山口到了，我們還高興地歡呼起來。

但是，等到山另一面的大景映入眼簾後，卻再也沒有人出聲。

海拔 5210 公尺。山口四周像月球表面一般荒涼。車外的風，比羊卓雍錯旁更加猛烈。

珠穆朗瑪峰與其他四座 8000 公尺以上的雪山，橫臥在南方天際線下，晴空無雲，視線就那麼輕易地穿越近百公里的距離，把那崢嶸山型與綿延雪線看個明白。

視野太寬、也太遠，不曾經歷過的那種開闊深遠，一下子迷惑了人對於空間的感知能力。耳邊的風聲咆哮著，定睛望著珠峰的一瞬間，突然覺得自己似乎並不是佇立於高原土地上，而是騰飛在氧氣稀薄的虛空中。是這種無法抗衡、震懾心魂的大，想不出有什麼樣的字句，可以匹配這當下所見的景。腦中浮出的形容詞一個換過一個，總覺得蒼白，覺得淺薄。

乾脆，就什麼都別說了。

乾脆就這麼靜靜地立著、怔怔地看著珠峰，深呼吸的時候，心也微微悸動。

像望著年少時，那個癡癡迷戀，卻始終不能交會的女孩。

大本營

以前看到珠峰大本營的介紹，老覺得這地方像個嘉年華會，總有一大群遊人聚集於此，等著看那第一高峰偶爾露臉，當然還有伺機而動，企圖把山頂踩到腳下的登山客們。外地人多了，藏族人乾脆在這裡做小生意，賣些化石之類的玩意兒，晚上許多人圍坐著取暖、聊天，肚子餓了，還可以點些熱食來填填肚子。總而言之，熱鬧得很。

這天午後，當我們來到這裡，對上的，卻是一片空寂。

沒有遊客、沒有山友、沒有做生意的藏族小販，包括絨布寺與珠峰賓館裡都是空的。原本一直以為接近大本營的最後十來公里路得改搭騾車，心裡還有些期待，但一路上來根本就不見任何人影，又哪來騾子。

　　我們知道現在是淡季，沒料到高原的冬天居然徹底把珠峰大本營變成廢墟。原本該紮滿百來個帳篷的平地，現在只能隱約看到殘留的營釘孔洞，而那座知名的中國郵政亭，是個簡易的鐵皮屋，倒還安安穩穩地立著，只是鐵門深鎖，不知道已經多久沒有人駐守。

　　我們把食物從車裡拖出來，今天，大概只能在這裡野餐了。丹增看我們坐下來的時候有些猶豫，笑著對我們說：「坐吧、這地面很乾淨，非常乾淨。」

從大本營南眺珠穆朗瑪峰。

在珠峰的跟前，一行人啃著壓縮餅乾，配上鋁箔包牛奶，宛如和珠穆朗瑪的私人餐會。沒有其他人也好。這個時候，整個大本營只專屬於我們，像是間全世界最高的 VIP 包廂。

天上一片雲也沒有，據說夏天裡，許多人在這裡苦候多日，始終不能一見的珠峰峰頂，現在卻坦蕩蕩地在南方端坐著，你幾乎可以看見山頂附近那山石的紋路與皺褶。

就當我是炫耀吧，誰說冬天來珠峰的時機不對？我們沒能在這裡過夜，沒能遇見來自世界各地的驢友，沒能見到日出的旭光，但在這個獨一無二的午後，我們有座圖騰似的山峰，全程作陪。

在阿里荒原中旅行,必須有露宿野餐的準備。在沒有熱源可以烹煮食物的情況下,儲備的存量儘量以易於攜帶、高熱量的食物為主。我們買了許多壓縮餅乾,小小一包的熱量不低,可以有飽足感。巧克力、肉乾、火腿等等也帶了一些,都是簡便即食的東西。

拉薩的賣場也出售許多真空包的食物,如雞腿、豬腳、各式滷味等等,口味相當齊全。我們也帶上了一些,在珠峰大本營第一次嘗試,天氣過冷,真空包食品硬得難以咬食。

如果習慣藏人的口味,倒是很推薦「糌粑」。藏族開車師傅隨身多會帶上一包磨成粉狀的糌粑粉,食用的時候倒出一點,和入一些開水,就可以捏成一塊塊的小糰進食。糌粑有一種特別的香氣,又很飽足,價格當然也十分低廉,是藏人、牧民們居家常備的傳統食品。

巨大的旅遊經濟利益,已經讓在西藏吃東西毫無難度,剩下的只是情懷的選擇。風乾牛肉有些挑戰腸胃,糌粑與酥油茶自然還是有的,夏天的大本營買得到沖好的泡麵。安穩適應高原是好胃口的關鍵。

佩枯錯

她的嫵媚蒼白了人間的繁華。她呢喃的時候，萬物俱寂。

你贏得了江山多嬌，卻覺得不如她輕淺的一笑；

你抖擻起豪情壯志，心裡還惦著昨夜、枕在她膝上的溫柔。

佩枯錯（藏人稱湖為錯）不是個熱門景點，中文的旅遊書上很少提起它，Lonely Planet 裡也只有寥寥幾句話。要說名氣，佩枯錯比不上納木錯、羊卓雍錯那些傳奇的聖湖，要說交通，佩枯錯更不在遊人們常走的路線上。

你說，這怎麼能叫路呢？今天一早才上路不多久，丹增就把車開離了柏油路面，往西轉進一個望不著邊際的土石荒原。所謂的路，只是在荒原上，一些隱隱約約的車輪印子，有時清楚，有時模糊。這些印子，是高原司機們之間的暗語與路標，丹增小心翼翼地跟隨著。走偏了，就可能會碰上隱伏的流沙，車子陷進去，可能就出不來了。這荒原，由不得握方向盤的雙手放肆。

若有似無的車輪印，竟然是往佩枯錯的唯一道路。對旅人來說，這錯，又怎能不成為青藏高原上的寂寞配角？

由於對它實在太陌生，我們一開始並沒有太多期待。這天早上，情緒被撩撥著，純粹是因為置身於真正的荒野之中，因為在這潦草的顛簸路上，再也聞不到一絲人煙。你覺得自己正在目睹一個文明不曾染指、神話還未降臨的大地。心裡有些激亢，卻也有些慌亂。你遠離了你想遠離的一切，卻在徹底陌生的地方感到有點失措。

一直到，你終於見到佩枯錯的身影。

從停車的地方走到湖邊，大約得走上 30 分鐘。這是我們第二次離湖這麼近，第一次在羊卓雍錯，一刻不停地颳著大風，根本沒有辦法放鬆心情，靜靜地坐下來跟它相處。

佩枯錯不一樣，陽光暖暖地灑下來，風輕輕吹在臉上。這天中午，是一路上在室外難得遇見的舒服天氣。明明是個蒼涼的隆冬荒原，卻覺

45% 的天堂

得可以在這裡待上一整天。

湖邊薄薄結了一層冰，像魚鱗錯落舖在湖岸上。兩個人微微地喘著氣，各自找了個最貼近它的地方站定，一句話也沒有多說。慢慢的，激動平拂了、躁亂沉澱了。風靜止的時候，我們看著湖面倒映著金褐色的山巒，鋪陳出一種迷離的層次。風起了，就見到一片深邃的藍，串著粼粼的波光。

除此之外，沒有售票亭，沒有遊客中心，沒有纏著人做生意的小販，放眼所及見不到任何人工的建築物，除了我們，只有遠處的希夏邦馬雪峰靜靜地矗立著。這裡甚至沒有經幡，沒有瑪尼堆，沒有引人入勝的神話劇情，沒有悲壯或淒美的歷史故事。

沒有人試圖去定義它、干擾它。卸下所有人為的標籤後，佩枯錯於是有了最純粹的自己。因為它幾乎不曾被描述，所以那份直白的美，在我們心中就有了無限的可能。一股感動從胸口湧上來，擠壓著這幾天已經太過敏感的淚腺。我試著回想過往，一生中最被觸動的時刻，找不到當下這種直覺的感動。

不知道站了多久，心裡這麼滿，卻又那麼輕鬆。一片藍天，一潭湖水，兩個尋找人生意義的靈魂立著。沒有鳥獸，人也都靜默了，只剩下纖細的浪濤聲，與自己的呼吸相應。

這裡不是藏族人的聖地，也沒有傳說的神靈。我試著想，如果自己是生於高原的藏人，大概也會是個磕長頭的朝聖者。那樣的美麗與感動，太容易與宗教連結。

真的要給它一個比喻，那麼我該會說，佩枯錯是在你面前輕歌曼舞、勾人神魂的歌伶，用她的嫵媚蒼白了人間的繁華，呢喃的時候，萬

物俱寂。你贏得了江山多嬌，卻覺得不如她輕淺的一笑；你抖擻起豪情壯志，心裡還惦著昨夜枕在她膝上的溫柔。

所以當車行漸遠，回頭眷戀的看望之時，兩行清淚，再度成為我們的救贖。

丹增想幫我們在佩枯錯前拍張合照。我說，這個錯太美了。我們無法與她相稱。

步行到佩枯錯的岸邊，留下兩道長長的足印。四顧蒼涼，我們彷彿從雪山中來，行
走在文明的荒野上。

3
Chapter

荒原之上，氧氣濃度只有海平面的 45%
人生早已習慣用 120% 的速度衝刺，
卻在這裡，碰觸到最深的感動，
也目睹了天堂的樣貌。

西方阿里

夏康堅峰一角。屬於
岡底斯山脈，座落在
阿里地區的深處。

無名錯，從改則至措勤路上，阿里小北線。

地圖上尋不到標示的無名湖泊，措勤縣以南不遠。

昂仁錯，遠處對岸的小聚落已是一座縣城。

威廉行走在冰封的湖面上，
班公錯。

你的天堂　我的夢想

在這部車裡，分屬不同世界的人碰撞在一起，
他不太能理解我們的感動，他的夢想也讓我們吃驚。
原來，我們都在彼此的夢裡。

　　從佩枯錯下來，車子繼續在荒原中孤獨地穿行。丹增看著我們剛剛瘋瘋癲癲、既癡又傻的模樣，似乎覺得有點好笑。

　　這樣的大山大水，他看慣了，恐怕早就習以為常。除了開貨車的那些年還有機會到中國其他省分走走之外，其他時間，這片高原就是他生活的全部。他帶過不知多少趟遊客，去遍旅遊書上介紹過，或者還來不及介紹的景點；他接過科學考察團的工作，連不屬於常規旅遊的地方也闖過一遭；他甚至還開過礦車，在藏北高原的深處，來來回回地載送說不出名稱的礦石。

在台北，我們偶爾放下手邊的工作，走到窗邊，望著鋼筋水泥大樓間不停穿梭的人群與車流。而丹增呢？休息的時候，車子或許就停在哪個澄藍的湖邊，有一片片的經幡鼓動翻飛；或許，是停在哪片荒遠的高原上，遠處有終年不化的雪峰靜靜矗立。季節對的時候，丹增還能見到成群遷徙的藏羚羊，見到逐水草而居的牛羊；大地冰封的冬季，白雪徹底把高原覆蓋，眩盲了眼睛。

這些能夠輕易震動我們，讓我們滿心嚮往、深深嘆息的畫面，對他來說，是生活中的必然。每天早上睜開雙眼，一切都是如此的理所當然。他生在這裡，他也離不開這裡。他的工作讓他必須緊緊地擁抱這片高原，許多人一輩子只能匆匆看過一眼、就死死記在腦中、不願忘記的景色，每一、兩個月，丹增就可以重新站在那跟前。

我們由衷的跟丹增說，好羨慕他。他的生活，是我們沒有勇氣實現的夢。

丹增笑了一笑，表情中帶著一點靦腆；「其實我很想到大城市去。」他說，「在大城市，住在高高的樓裡，很高的那種大樓。」

我們怔了一怔，表情開始有些扭曲。丹增繼續說道：「我也很想去大餐廳吃飯，大城市裡很大很大的那種餐廳，客人很多，很高級的。」

他不會用很精確的中文去形容他的夢想。對他來說，那是個太陌生的世界，只有偶爾在電視上、在電影裡，才能窺見一點點樣貌，但說起這件事的時候，他的眼中閃爍著光芒。

他知道他這一輩子可能都沒辦法實現，他負擔不起那樣的旅行，連辦護照都非常不容易，不過夢想原本就是這麼回事，他在 5000 公尺的高原上驅車趕路的時候、疲累的時候、心情低潮的時候，就在心裡想像著大城市大餐廳裡杯觥交錯的景象，想像那潔白瓷盤與鍍銀餐具的光澤，還有高樓間的車水馬龍；然後，鬱結就打開了，心情就舒展了。

丹增說得興起，我們也就靜靜地聽著。曾有一會兒，我們試著向他解釋，其實西藏的傳統房子又大、又有院子、又便宜，而且沒有廢氣與一氧化碳的污染。其實大城市的人很可憐，放假時要先塞好幾個小時的車，才能到一些開發得四不像的風景區，與其他人摩肩擦踵地享受大自然。其實大餐廳提供的那種情調，遠不如在路邊攤與好朋友暢飲爛醉來得過癮。但何必呢？我們何苦要醜化他夢想中的世界？

比較重要的是，那麼，我們究竟在這裡做什麼？

我們以為自己逃脫了囚籠，卻來到一個困住丹增的世界裡。我們曾在幾千公里外的台灣島上，遙遙夢想高原的景象，而丹增所嚮往的，卻

是大城市裡的喧囂浮華。在這部車裡，分屬不同世界的人碰撞在一起，丹增不太能理解我們的感動，他的夢想也讓我們吃驚。

原來，我們都在彼此的夢裡。

日落之前，車子抵達薩嘎。街上沒有什麼行人，我們找了家小茶館坐下，試著靜下心來寫日記。茶館的二樓似乎正在聚賭，不時有一些笑鬧聲、喊牌聲傳下來。

這晚，關於天堂的樣貌，關於夢想、關於這趟旅行的意義，我們默默地思索著。

屋脊上的大漠

開車五、六個小時，

碰上了近百隻藏羚羊，卻不見一絲人影。

兩個人的對話很少，神魂不自主地飄移，想起過去的日子。

挑戰阿里，是一種信仰，告訴自己，人生不再有邊界，世界再沒有高峰。

　　在規劃遊路線時，威廉看著青藏高原的地圖，指著位於西藏中部的城市日喀則說：這是文明與荒原的中界。往東，回到文明，往西，就跨入蠻荒！

阿里地區，夾在崑崙山脈與喜馬拉雅山脈之間，是世界屋脊，但陸地卻是由海底推擠出來的板塊，處處可見海底生物的遺跡，平均海拔在 4500 米以上。很多地方都是沒有路基可走的荒原，年平均溫度為攝氏 1 度。每年 11 月到隔年的 5 月，幾乎都是大雪封山，成為與世隔絕的異域。

　　去西藏拉薩容易，闖蕩阿里則需要信仰，不管是對宗教的信仰，或是對人生的信仰。沒有信仰，無法支撐你克服高山的氣候、艱困的物質生活，並願意承擔生命的風險。

　　跑一趟阿里，用最快的速度，坐上巴士，日夜的趕路，從拉薩出發，來回也要 12 至 14 天。我們沒有辦法肯定，在大雪封山的冬天裡，還有車願意跑。到了拉薩，如果真有車願意走，就值得一試。

　　在計畫旅程時，我們始終認為，12 月，在最深的冬日裡，去得了阿里的可能性實在不高，因而不斷規劃阿里的替代方案，但沒有想到，我們就傻傻的、不知天高地厚的一路奔向阿里，來不及說害怕，就已來不及回頭。如同人生的寫照。

　　我們一路往西行，在日喀則跨年，隔年的 1 月 1 日，開始進入蠻荒。在阿里，1 月的平均氣溫是零下 12.4 度，乾燥少雨，萬里無雲，是全世界日照最多的地方。在這片 30 萬平方公里廣闊深厚的天地裡（台灣 3 萬 5800 平方公里)，只有 6 萬多名藏人居住。冬天，開車五、六個小時，可以見到百隻藏羚羊，卻無法見到一人蹤影。

　　這裡是蒼茫一片，見到的是山、是天、是湖海；這裡是全世

界信仰人口最多的佛教聖地；有同時被藏傳佛教、印度教、苯教視為世界中心的神山岡仁波齊峰；有聖湖瑪旁雍錯、鬼湖拉昂錯，兩座名湖僅一座小山丘相隔而立。聖湖是淡水，轉湖的人，四季不絕，唐玄奘天竺取經時，稱此湖為西天王母瑤池所在；鬼湖則是微鹹水，湖水人畜皆無法飲用，荒漠不見生氣。

尤有甚者，在阿里的西北部有一個神祕的湖，叫班公錯，湖的長度達到 150 公里，跨越中、印邊境。在中國的這一邊，面積占湖的三分之二，是淡水湖，漁產豐富，水質極佳。在印度喀什米爾那三分之一，則是鹹水湖，人煙生物罕至。湖水透明度可達三到四米，每年結冰期則長達六個月。

雖然這裡是荒漠，卻曾經出現一個 700 年的王朝。阿里這個輝煌的古格王國，興起於 10 世紀，史詩般的壯盛了 700 年，卻在 1635 年傳說的一場戰役中，10 萬人一夕消失。古城成為歷史的遺跡與懸案。古格王朝的遺跡就突兀地矗立在阿里西部的土林區裡。一片空城，日間因太陽照射的角度，混雜於土林之間，待夕陽斜照，則荒廢的古城澄黃地浮出，更顯悲壯。

在這個充滿神跡、靈祕的地方，看大漠、看湖海、看大山，我倆一路上對話很少，但靈魂常常不自主的飄移，想起過去的日子。

在台北，迷戀影響力，迷戀一場倫敦 200 人的演講，動輒影響每天國際資金百億元的進出。迷戀飛翔於巴黎、紐約，迷戀別人羨慕的眼神。

自拉薩出發的第 11 天，已走過了大半個阿里。晚餐後，走在大漠的夜裡。

我們聊了起來，自己試著問著自己，回去以後，會不會變？有沒有非得變的必要？

沒有答案……

如果原本的人生並不是那麼不堪，發現自己已經可以「選擇」不同的角度去面對、去詮釋、去共處。

那麼變或不變，或許也沒有那麼重要了。但重要的是，你曾經站在那樣的高度，去選擇。

在阿里，這世界屋脊上的大漠，蒼茫會讓你渺小世事。

回想往事，當你在高原與大山之間穿行的時候，旅行似乎給人許多看待事情的不同角度，有些時候更謙卑，有些時候更果決。無論如何，當抽身於千公里之外，在 5000 公尺的高度，更容易通透人心，更容易真誠的與自己對話。

風乾牛肉與酥油茶，是阿里人家冬日的盛情。

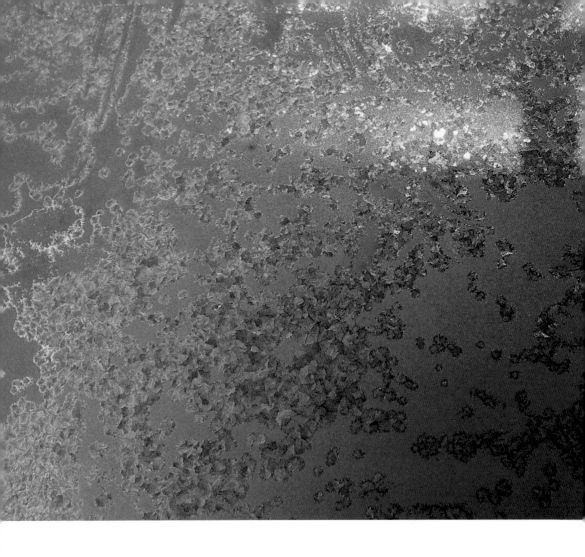

低溫

那酷寒彷彿深不見底。這夜，因為抽筋的緣故，
不知道醒來多少次，到了清晨七點鐘，窗外還是黑的。
一時間，居然有永遠看不到天明的絕望。

路的第二天清晨，威廉的水壺給結凍的水撐破了。晚上，在日喀則的剛堅賓館，水管被凍住了，沒熱水，沒電、沒暖氣，冷風從雪山吹下，鑽進被窩與衣褲裡。我已盡力蜷縮在被裡，但到了清晨，小腿還是抽筋了。外面的溫度，約零下 10 度左右。

　　半夜抽筋，多半是因為腿失溫，如果能用溫熱的水沖個幾分鐘，一會兒就可以恢復。但在這種天候裡，沒水沒電，半夜抽筋，只能用恐怖來形容。佛祖保佑！

　　我從被裡抽出腳，拿起毛巾，用盡全身的力量，快速搓揉小腿，希望腿的溫度能增加，讓抽筋的肌肉鬆弛下來。揉了好久，一下站、一下跳，腳底板頂著牆，或以腳尖頂著地，用盡方法希望能將抽筋的肌肉給拉開。慢慢地，似乎有好轉的跡象。我趕緊再穿上一條褲子，把羽絨衣打開，把腿伸進袖子裡，增加抽筋那條腿的溫度，再蓋上兩條被子。

　　這個時候，救命的睡袋，還不敢拿出來。

　　這天是 1 月 1 日，不過是從拉薩開往西行的第二天，人，還在文明的日喀則。

　　真的去得成阿里無人區嗎？我自問著。

　　還有臉逃回去嗎？邊走邊看吧！

　　經過一晚的酷寒、抽筋，這夜，不知道醒了多少次，到了清晨七點，窗外的天都還是黑的，這個時候，有一種永遠看不到天明的絕望，令人難過。好不容易挨到天亮。走下床、刷好牙。看到馬路旁冒著煙的熱粥，趕緊要了一碗。喝下第一口，

像是重獲新生。

　　一路往西走，進入了蠻荒，氣溫愈降愈低，情況似乎愈來愈糟。

　　薩嘎的氣溫比起日喀則與聶拉木冷得多。晚上睡覺，除了兩床被子外，終於把睡袋也拿出來，腳上再穿上長毛襪，希望能安度這一晚。

　　可怕的問題出現了。馬丁的相機竟然耐不住低溫，完全死當、無法對焦，也無法存檔。相機得放在羽絨衣裡，靠著體溫熱機，才能在戶外勉強拍個幾張。

　　再往西走，到了帕羊，算進入阿里的區域了。帕羊的旅店裡，有藏族傳統的火爐，可以取暖。這裡的火爐，不燒柴，都是燒犛牛糞的。入睡前，旅館主人幫忙生火，好睡的很，不一會，就進入夢鄉。難的是，犛牛糞爐火太大，把我的汗給逼了出來，待汗流夾背時，醒了！看著那爐，餘火將滅，看看鐵盆，最後一把犛牛糞也用完了。真要命！

　　一路上，早上 9 點一過，太陽就高掛在天上，再怎麼曬太陽，車上窗戶所結的冰，全天不退。往霍爾的路上，車子一路開到下午 3 點，都沒遇上村子。前不著村、後不著店，找不到吃的。我們決定停車，把乾糧拿出來充飢。我們切開乾火腿，開真空包的鳥蛋、壓縮餅乾。咬了一口鳥蛋，全部的碎冰都從蛋裡跑出來；真空包的雞腿裡，每一口都摻雜著雞汁凍成的碎冰；就連包裝奶，一半也都結了冰，喝起來特別的濃。

　　師傅囑付我們，晚上鋼瓶裡的暖水也要倒掉，否則一大清早，氣溫應該在零下 15 度以下，連鋼瓶都被冰撐破，明天路上就沒水喝了。

　　戰備的狀態，從來沒有鬆懈過。

　　造訪聖湖瑪旁雍錯時，完全被冷給震儡住了。我在湖岸拍照，沒有辦法一直戴著手套。兩分鐘內，膚色就由粉紅轉成深紅，再由深紅轉為

紫黑。一開始還如萬針鑽動般刺痛，不一會兒就失去知覺了。

天一黑，瑪旁雍錯旁的霍爾，氣溫像溜滑梯般往下降，師傅手機收到氣象簡訊：獅泉河今晚至明日日間，陰時多雲，氣溫零下 1 度至零下 19 度。

都到這兒了，再冷，還是得撐下去。

一早，我們離開霍爾。坐在前座的人必須戴起太陽眼鏡、擦防曬油。可以想見太陽有多大。你以為自己在車裡曬太陽，但車卻是走在漫無邊際的冰窖裡。

接近中午時分，我穿著登山鞋、兩層毛襪的腳掌，還是冰的，凍得我腳趾頭非常痛。只好跟大家說對不起，把襪子脫了，用兩隻手掌，認真地搓揉起來取暖。

一路上，氣溫變得很怪。坐在車裡，陽光暖和，大衣往往穿不上，但曬不到太陽的腳卻是凍著的。車門一開，外面刺骨的「冰風」讓人完全站不住。到了措勤，晚餐結束，天黑了，不過 5 分鐘可以走回旅店的回程路，我倆全身穿著防寒裝備，卻耐不住迎面強大的寒風，必須倒著走才行。

我們不斷的想辦法對抗低溫。有趣的是、剛上車的時候，除了全套禦寒裝備以外，還得特地裹上圍巾蓋起口鼻，否則擋風玻璃在人體呼出的熱氣與室外零下十幾、二十度的低溫夾擊之下，一下子就會凝結起厚厚的霜，再也看不見去路。

在這裡，即使是大太陽下，只要打開車窗或步出車外，沒有全副武裝絕對撐不了 30 秒。17 天西藏阿里大穿越，都是在這種情況下度過。

或想，走進川藏線，應該就好得多，但冷氣團似乎追著我們跑。

在甘孜，手機又收到一則簡訊：甘孜日間至夜間溫度，零下 12 度至 5 度。

早餐店老闆說，這是甘孜今年入冬以來最冷的一個清晨。前幾天，才剛下過一場大雪。

在新都橋，冷到衛生間的地板都結了一層薄冰，差點在裡面滑倒。

當車子開進海拔 4014 公尺的理塘，太陽正要隱沒，冷得深不見底，連高原上土生土長的開車師傅都忍不住咒罵：「真他媽的 X 八冷！」晚餐時，餐館的老闆也說，這兩天「特冷！」早餐時，身邊有火爐都暖不了身子。靠近火爐的腳是熱的，另一隻腳卻是冰的。車胎爆了，扎了根大鋼條。補胎的時候，工人還得先用吹風機化開凍得僵硬的輪胎橡皮才行。冷得太不像話了。

帶了瓶白酒回旅館，想用熱水瓶的熱水燙一隻真空包的滷鴨下酒。沒想到，怎麼燙都燙不開。算了，乾飲杜康吧！

不過，冷，是有代價的。冷，是值得的！冷，就少了些遊客。

這一路，整個青藏高原似乎為我們而存在，嬌媚的佩枯錯旁，三、四十平方公里內，空無一人。空靈的那木錯，登上札西半島的山上，放眼望去，念青唐古拉山到那木錯旁只見兩人與山水自然在對話。

有一天，我們已在藏區的邊緣，到了海拔 2400 公尺的奔子欄，太陽已經下山，空氣裡仍留有暖意。路邊的店家，有人烤著柴火取暖。我們這兩個漢人，取笑藏族的店家說：太浪費了吧，天氣這麼暖和，還烤火。

我倆不由得相視而笑！

停靠在班公錯畔的渡船。春暖冰融之前，這
船再也到不了對岸。

打火機，高壓火爐

在阿里的高原上，由於溫度過低，多數的打火機是打不著火的。冬天的阿里，風特別大，在室外，站個三分鐘，人就凍住了，連高壓火爐幾乎也派不上用場。我們帶的火爐，一次也沒用上。

在高原上有遮蔽的地方，火柴比打火機好用的多，一點就著。我們身上帶的三、五個打火機，最後只好都丟了。15 年後，能適應高原的高壓打火機，在西藏已經隨處可見，但在室外燃火依舊是不容易的事情，住宿、飲食的地方一定要事先規劃好，否則有一定的危險性。不要奢望在野外有熱食可用。除非你攜帶非常好的保溫瓶，否則就得適應吃冷食充飢。

藏羚羊

藏羊絨的價格有多高，獵人們扣板機的時候就有多瘋狂。

人類也太狡猾了，太善於偽裝，

有些時候，連他們自己都不知道自己究竟是個什麼樣的人。

我們很難拍到他們的正面。鏡頭下，大部分的藏羚羊都是用屁股對著我們。

走小北線穿越阿里地區的時候，有那麼幾天，常常能夠見到他們的身影，但只要車子接近到一定的距離以內，他們就開始轉身，用屁股迎向我們的視線。再接近一點，他們就開始奔逃了。

人類這麼的可怕，或許也太狡猾，所以藏羚羊一點都不能鬆懈，一見到人，就得集中精神隨時準備逃跑。就連先觀察情況、再別過身去的那一點點時間都不能浪費。事實上，藏羚羊只要見到車子，大概是任何一種車子，屁股就轉過來了，車子也是一樣可怕，因為裡頭一定坐著人。

丹增說，我們已經夠幸運了，才能親眼見到藏羚羊。夏季遊客多時，路上往來的車子也多，藏羚羊根本不會接近，只有在這種冰封時節，一天難得有一兩部車經過的時候，藏羚羊才會現身。換句話說，雖然隔了這麼遠，雖然只能對著屁股，但我們還是要心懷感謝。

我們自認不曾對藏羚羊做過什麼。我們沒有在背後說過牠們的壞話，沒有在老闆面前排擠牠們，沒有對牠們按過喇叭、超牠們的車，沒有為了巷子裡的停車位跟牠們起過衝突，但牠們的不信任還是表現的那麼赤裸裸，像一塊冰貼在臉頰上。如果牠們面目可憎，看起來就是一副壞心眼，那麼我也不在乎，不過偏偏不是這樣，牠們可是一臉純潔可愛，像是小熊維尼卡通裡的角色，不曾被人世間的亂七八糟污染過。

那種感覺有點糟，我是說，做為一個人類，而被藏羚羊懷疑、或討厭的感覺。我那兩個還在念小學的小小表弟有時也討厭我，因為聞到我身上的煙味，多年來反覆琢磨過無懈可擊的抽煙的藉口，對他們來說一

點用都沒有，抽煙就是討厭，管你有什麼大道理，管你有什麼苦衷，小表弟的心裡面簡單清透得很，被他們討厭的時候，覺得像是在純潔無瑕的人的本性前抬不起頭。

還好他們終有一天會長大，會明白這個世界很複雜，有許多無奈，我點上了一根煙，心裡這樣自我安慰著。不過藏羚羊大概不會，藏羚羊如果討厭你，或者不信任你，可能終其一生都不會變。

藏羚羊為什麼這樣防著人？我想我知道，我看過《可可西里》這部電影。

藏羚羊每一根纖細的絨毛中，都是中空的結構，保暖效果非常好，市場上有個專有名詞叫做藏羊絨。在政府開始保護牠們之前，獵人們坐在四輪驅動的吉普車裡，用半自動步槍連發掃射，用尖刀剝下牠們的皮毛，然後幾百隻、幾百隻的藏羚羊屍體就棄置在這荒原上，讓禿鷲和老鷹幫牠們天葬。藏羊絨的價格有多高，獵人們扣板機的時候就有多瘋狂。

背負著這樣的血海深仇，說起來，這藏羚羊現在只是用屁股遠遠對著我們，算是非常客氣了。老羊大概都會這樣告誡小羊們：要小心車，車子是劊子手的座駕，別讓車子靠近你，別讓車裡的人靠近你，劊子手們可以在幾百公尺外取藏羚羊的性命，他們殺羊的時候心中沒有憐憫、只有價錢，劊子手不管你是不是很乖，不管你是不是一直都有盡到羊的本分，不管你是不是孝順父母、友愛朋友，他們都會要你死，因為只有你的皮毛，才對他們有價值。

老藏羚羊說：當然，也許不是所有的人類都想剝你的皮。有些人是來旅行的，有些人是來朝聖的，他們只想溫柔地摸摸你的頭，順順你背

上的毛，或者抱抱你，有一些人，可能還是善良的。

只是人類太狡猾了，太善於偽裝，有些時候，笑容的背後藏著壞心眼，有時候，連他們自己都不知道自己究竟是個什麼樣的人。小藏羚羊們，不要拿自己的性命去冒險，那不值得。

於是一代一代的藏羚羊們達成了共識，不管在任何時候，都要背對著人類。即使是在屠殺已經被禁絕之後的許多年。

事情就是這樣了嗎？

藏羚羊的本性到底還是善良而慈悲的。

我快速地按了幾下快門，腦中浮現這些人與藏羚羊之間的恩恩怨怨，不禁要想，現在那些藏羚羊的臉上是不是就是牠們悲憤時的表情？但檢視照片的時候才注意到，那些象徵不信任的藏羚羊屁股上，都有一顆心。

注意到了嗎？白色的毛鋪出了一顆顆的心型。像是對著世仇宿敵舉起和平的標語，彷彿聽見牠們說著，雖然事情演變至此，但請了解，牠仍然愛你。

愛你的敵人。像每一個宗教教誨人們那樣。

從改則到措勤的這段路，一整天，都看得到牠們的身影。

神山聖湖

原本幽默說笑的丹增，一見到聖湖，立刻嚴肅起來。
車子先挨著湖旁的瑪尼堆繞了三圈，隨即他就下車，
跪向聖湖與神山的方向，全心敬服地磕了三次長頭。

我沒有宗教信仰，但我羨慕有信仰的人。

一個人如果能有信仰，那是老天對他的祝福。讓他可以在脆弱的時候，有所依靠，在他需要堅強的時候，得到力量；他的努力，也有了榮耀的對象；甚至，勇敢地無懼死亡。

在藏區裡，惡劣的天候與貧瘠的生存條件，信仰是撐起生命、撐起希望的支柱。

夏天，在蠻荒的阿里，日正當中，開往神山、聖湖的車隊一部接著一部，絡繹於途。揚起的風沙可長達數十公里。來自印度、尼泊爾、不丹以及中國各大藏區的朝聖隊伍，接踵而至。

冬天，這裡的氣候條件極差。我們抵達聖湖時，約在下午 3 點左

神山岡仁波齊。

右，雖然豔陽高照，車外的溫度卻低到零下 5 度左右。全部的裝備套在身上，仍不敵那刺骨的冷風，讓我們無法在車外久站。在這種惡劣的天氣裡，依然看到聖湖轉經洗浴的信眾，頂著風、低著頭，為著信仰，一步步的蹣跚前進，虔誠地在湖畔轉經，期待洗滌今世的罪孽。

西藏有三大聖湖，瑪旁雍錯是萬湖之后，被多種宗教尊為聖湖。藏傳佛教一大宗派白教（噶舉派）創派人密勒日巴與外教為了爭奪岡仁波齊峰，在此鬥法獲勝。因此，瑪旁雍錯的藏語意思即為「不可戰勝的碧玉湖」。密勒日巴就是修成「奪舍祕法」，可將心智轉附他人、或遊走他地、靈魂附體的高僧。大唐高僧玄奘稱此地為「西天瑤池」。藏傳佛教各大教派在此都有佛寺。

印度教認為，聖湖是婆羅摩神所創。喝到聖湖之水，可以解脫百次輪迴的罪愆，升上婆羅的天宮。印度國父甘地的部分骨灰亦撒入瑪旁雍錯。苯教則視此為生命之源，飲用、沐浴，可去災解厄。

神山岡仁波齊峰則是位於聖湖的西北方。印度的創世史詩、藏族的史籍都曾提及此山，人們對岡仁波齊峰的崇拜可以上推至公元前 1000年左右。藏語就稱它為神靈之山，印度文則稱其為濕婆（印度教主神）的天堂。苯教發源於此，而西元五、六世紀興起的古耆那教亦認定這裡為世界的中心。

原本幽默風趣的師傅丹增開車過了五千多公尺高的山口，一看到了聖湖的當下，肅然的地說著：「到了。」他不發一語，轉動著方向盤，順時鐘繞著聖湖前的瑪尼堆三圈，隨後停車，一個人下車來，跪著向神山與聖湖，全心敬服地磕了三次長頭。這是我們第一次看見丹增如此嚴肅地展現他的信仰。

我們不敵刺骨的寒風，無法在車外久站。這家人，扶老攜幼，卻背起了沉重的行李，打算花好幾天的時間，徒步沿著聖湖湖岸轉湖一圈。

根據藏人的傳統，朝聖者轉神山一圈，可以除去一生的罪惡，轉山十圈，可以省去五百個輪迴，免下地獄之苦。轉山一百圈，可在今生成佛。由於釋迦牟尼佛在藏曆馬年誕生，所以馬年轉山，可增加十二倍的功德。這樣的宗教神話，旁人難以理解。對於罪孽，有了救贖的機會，這是宗教的寬容，希望是一個人改頭換面的善門。因此，藏曆年的馬年夏天，轉山的人潮將山道擠得滿滿的。神山腳下帳棚綿延數公里。

轉山一圈 56 公里，約需 3 天的時間，轉湖一圈 110 公里，約需要 4 天的時間。可以雇用挑夫幫忙。轉山、轉湖所需時間雖長，但可以體驗神山、聖湖每一分鐘的呼吸，看著身旁藏民三步一跪的長頭磕倒在山上的碎石路上，仰頭望著終年積雪的岡仁波齊峰，看著風刷下山頂的碎雪，聖湖的清晨有一股千年靜止、霧濛裡透出的謐靜。

在路上，一個公安上了我們的車，要到下一個小鎮。

他說，這些年來，藏族念書念得多，較為開化，文化水平高，經濟狀況也比較好，比較實際，沒有那麼迷信，磕長頭的人少了。

相反的，這幾年來阿里旅遊的國際背包客，流行與藏民一起轉山、轉湖，嘗試著去體會藏傳佛教的信仰，洗淨人心。

文明裡的人，想回到信仰裡的單純；單純的人們，追求著文明帶來的繁榮與複雜。

我們何嘗不是在這之間擺盪。在現實的世界裡，我們一直在追逐社會的主流價值，成為必須「贏」的奴隸。「輸」是必須被恥笑，「輸」是不負責任的代名詞。

有信仰是幸福的！

45% 的天堂

快車險路

冰封的路面上，車子突然開始左右擺動，
在完全沒有控制力的情況下滑行。兩個人死死抓住車上的手把，
總算靜止下來的時候，車內一片沉寂。

這一行，油路（柏油路）、土路、石子路、搓板路，上雪山、過冰河，我們都闖了。回想在阿里的冰原上，單車跑完全程，實在驚險！

還記得出發前，兩人講好，冬天去青藏，一定要兩台車，甚至組成三台車以上的車隊一起走。太多單車拋錨，發生了無法挽回的意外。但誰能料到，這嚴冬，沒有旅人，又哪來的車隊可以湊，我們到了拉薩，兩個人租一部車，就出發了。

一路上，壯麗的風景將我們掏空，茫然不知身在何處。有一天中午，在阿里北線的小村子達雄，找不到地方吃飯，好不容易在山的另外一邊，問到一個藏民家裡，可以煮碗滾燙的方便麵給我們吃。冬天的荒原上有熱呼呼的東西可吃，我們心中充滿了感激。

一進門，還有一車的藏人在裡頭喝酥油茶。開車師傅用藏語跟他們聊了好一會兒，分享路況情報。

離開達雄，師傅眼神很遠，沉吟了一會兒才告訴我們，就在我們幾天前經過的路上，一部武警單位的越野車在荒原上拋錨，等不到過路的車、也沒等到救援，車上五個人全都凍死了。

才剛講沒多久，我們就在一處荒原上，看見了一輛停在路邊荒廢的巴士。顯然是最近才棄置的。想想這天，我們開了一天的車，才會了兩輛車。

這才意識到，原來危險這麼近，在這冬季、無人的荒原上。

往阿里的路上，我們的越野車爆胎兩次。運氣真的很好，兩次都能撐到傍晚，直到車子開到了落腳的小鎮去補胎。在理塘，早上起來，看到一個輪子的氣洩光了。師傅趕緊將車開到車廠去，車胎裡扎了一根手掌長的大鋼條，幸好出發前即時發現。當天清晨的氣溫，在零下十度以

下，補胎的時候，還得先用吹風機化開凍得僵硬的輪胎橡皮才行。藏區裡，幾乎每個小村子都有修車廠，人命關天，大家都特別謹慎。

除了車況，師傅說，在山裡走車，常常不是走在路上，而是走在荒原的草上，走在石頭與沙上，必須要很小心。有些沙，是流沙，車子一陷下去，就起不來了。風沙一大，一個下午，車子迎風的那一面，漆會全部被沙子刨光。沙，可以厲害到這種程度。

但這一路，最危險的，是路上的冰！

到拉薩的第一天，就聽說納木錯大雪封山了。但不知道，冰雪封山是如此危險。

在薩嘎，晚上吃飯，碰上一車剛由獅泉河回程的 6 位司機。司機說，沿路沒有下雪，天氣非常的好，路況不錯，只有在獅泉河後，過冰河時得小心。獅泉河河面寬廣，南線有橋可過，走北線就得走河床。在冬天，如果冰不夠厚。一般一天就會卡個一、兩輛車。車陷在河裡，輪胎被前後的冰卡著，只有靠大卡車硬拖出來，才能脫困。卡車拖出陷車，一次要價可能就要人民幣 5000 至 7000 元。

我們從拉薩啟程的第三天，往新定日的路上，在加措拉山口的方向，遇到了一個冰封的路面，短短 20 公尺，越野車左右滑動，在完全無控制力下滑行。雖然安然度過，但車內一片沉寂。我們知道，這只是開始。

待我們離開羊八井，到了納木錯山腳下的當雄，店家知道我們想上納木錯，他說：「得小心，路上都是冰。」

隔天一早上山。路面果然結滿了冰，車行速度放得極慢，看得出來，連師傅都很小心。車開到半山腰，一個上坡的結冰路段，車子在完全沒有異狀、毫無預警的情況下，突然失控，在 1 秒鐘內的瞬間，車頭原本爬山向上，一下子 180 度轉了過來，變成車頭轉向山下。路旁，是懸崖，若不是正巧原地打轉，而是向旁邊側滑，就會墜入深谷。

真是嚇死人了。師傅為了安撫我們的情緒，一派輕鬆。

沒一會，車子再度打滑，令人再也無法輕鬆以對。馬丁於是要求師傅把四輪傳動給打開，不能不顧慮安全。

沒想到演出了一段有點火藥味的對話：

馬丁：師傅，麻煩你把四輪傳動打開吧。冰地裡，太危險了！

師傅：（笑著說）沒事的。

馬丁：（好言相勸）不行啦，要打開才安全。

師傅：（笑臉）沒事，我會保證你們的安全。

馬丁：（口氣轉硬）拿啥保證？保證不再滑？可已經打滑兩次了。滑下山谷怎麼辦？請你現在把四輪傳動給打開！

師傅：（回頭看了一眼）開四驅太久，後輪傳動會出問題。

馬丁：不必找理由。車子設計四輪傳動，就是讓你用的，不是放好看的。我開過這麼多四驅的車，沒聽說四驅開山路1個小時，會把車搞壞。

師傅：（沉默）

四輪傳動的燈亮了（車內默然）。

還好有絕美的納木錯，像極了迪士尼裡神仙住的冰雪世界。有善良、閉關修行多年的兩位喇嘛，以及震懾人心的天地山水。還有威廉在車上不斷說話打圓場，大夥才恢復了之前的談笑風聲。

除了納木錯外，雀兒山口海拔 5020 公尺立著一塊石碑「川藏第一高、川藏第一險」。放眼四周一遍冰雪大地，車子在山裡開了 1 個小時，在冰上左晃晃、右滑滑，三不五十地失速溜兩下。我們只能望著遠山，盡可能不去想路上的危險。沒有人有心思再去欣賞風景。只求這段原本冰封的雪山趕快走完。

然而，不是只有雪山讓人害怕。

在川藏線上，我們經過的「老虎嘴」峽谷，真是地如其名，可讓車上的我們嚇破膽。只去過迪士尼，沒玩過最危險雲霄飛車的人，千萬別

硬闖老虎嘴。

這位開車師傅喜歡開快車，飛也似地跑在雅魯藏布江的支流帕隆藏布江的一片陡峭懸崖上。318 國道崁進峽谷的山壁，硬是劈出一條連續腰繞的碎石山路。河面在懸崖下方至少 200 公尺的深谷裡，多數的路段只容得下一台車過。這碎石路極不平整，有些路段甚至不是水平的，而是斜向河面，會讓你覺得，車子就要掉下河谷。一個接著一個的轉彎處，若有錯車，那就是生與死的瞬間。我坐在車子的右後座，往右下方看，只看得到 200 公尺下的河谷，完全看不到車下還有任何丁點路面的寬度。車輪，就貼近懸崖邊緣飛奔。

師傅看出我們的緊張，直說：「別怕、別怕。」他們從前開卡車，在這個路段上，常常看到前面的卡車，一個輪子已經掛在崖外的半空中，車子還是照樣在跑，不會掉下去的。

而且為了省油，司機才不理會你驚聲尖叫，他放著膽盡可能的加速，就是不太願意踩剎車。左邊緊貼山壁，右邊就是斷崖，司機竟然以時速達 50 公里的速度，甩尾轉了一個近 70 度的彎。我只能緊握著上方的握把，心念阿彌陀佛。

這整個路段，藏人叫做「排龍天險」。

但再有名，也沒有必要開著雲霄飛車逛天險吧！！但師傅可一點都不退讓，直說，你看，沒事吧！

往納木錯途中，如同行駛在白雪汪洋之上。

霍爾

發電機關掉了，一片漆黑之中，只有風還沒有靜止下來。

我們在阿里的深處，

距離文明，原來有那麼遠，那麼遠。

霍爾是聖湖瑪旁雍錯旁的一個小鎮，和帕羊一樣荒僻。放眼望去，全是灰土色的古舊矮房，像是從土裡面長出來似的，偶爾颳起一陣特別大的風，街道上就揚起漫天沙塵。

天色逐漸暗去，氣溫毫不講情面地繼續往下探底。我們緊拉著大衣袖口，連忙鑽進一家黑漆漆的餐館裡，店主人似乎有點意外，但還是熱情的招呼著。

今晚，我們似乎是這裡唯一的遊客。

老闆讓出了火爐邊的座位，店裡並沒有比室外暖和多少，只有爐邊稍稍有一點熱度。我們心裡覺得有點過意不去，但還是很不客氣地圍住火爐，脫下手套、靠在火苗邊不停地搓著雙手，在這種從來沒有經歷過的低溫底下，禮貌似乎有點多餘了。

奉上熱茶之後，老闆到後頭去啟動發電機。從江孜以西，除了水管幾乎全數結凍之外，連電力供應都有問題。藏族人家偶爾會在日落之後讓發電機跑上個幾小時，讓全家聚在一起的時候看看電視，熱鬧一下，但石油或柴油，在嚴寒的冬季對於這裡的人來說，畢竟還是太奢侈的事情。

我們算是貴客呢。發電機轟隆隆地響起來，餐館裡的燈點亮了，心裡不禁要想，平常沒有電的晚上，大風無止境吹著的高原小村裡，一般人家是怎麼過的？

丹增把他的行動電話遞給我們，他不認得漢字，請我們幫他看看一條今天收到的簡訊：今日晚間至明日日間，陰時多雲，氣溫零下 1 度至零下 19 度。

　　丹增不以為意的笑了笑，我們兩人卻不由得緊繃起來。出發前早知會有這樣的狀況，但實際置身其中又是另一回事。這一帶，幾乎可以說是這一路上最荒遠的地方了；珠穆朗瑪以西、獅泉河以東，Lonely Planet 書上說，西藏阿里是世界上最難到達的旅遊地區，而我們正在它的核心。這幾天沒有下雪，入夜之後的氣溫卻還是逼近零下 20 度，沒有水、沒有電。發電機的聲音不是很穩定，好像喉頭裡黏著一口痰，但那轆轆轉動的馬達是我們與文明世界唯一的連結，「這不是演習。」我心裡默默念著：「這可不是演習。」

　　邊遠小鎮的小餐館，沒什麼大菜可以點。我們跟丹增叫了三碗家常的藏麵，麵湯很濃稠、隨意加了一些碎菜和肉末，在超過 4000 公尺的海拔之上，也不知道煮的時候究竟滾過沒有，但端上桌的時候，還是熱熱烈烈地冒著白煙，看起來就叫人心安。

　　發電機既然開了，老闆乾脆順便放起影碟來。這也是出乎意料之外

的事情。在這個偏遠的難以想像的地方，我們還是常常在藏人家裡見到DVD/VCD 播放機這種現代設備。我知道機器本身不貴，兩百多塊人民幣就能夠買到，但片子從哪裡來？後來才知道，不管是正版或盜版片，在青藏高原上，居然也有一個覆蓋率廣泛的影片光碟流通網絡。

　　這天晚上放的是《鹿鼎記》，周星馳演韋小寶的那部。兩個台灣人在藏族的地盤，看著香港人演滿族清朝的歷史喜劇，一時之間，難免有點錯亂。我們打開下午剛買的一瓶廉價二鍋頭，說是順便暖暖身子，其實也想藉著酒精壯壯膽，一邊喝酒、一邊把精神集中在影片裡，或許就可以比較分神，不會過度擔心今晚能否平安度過的問題。

小鎮裡的便利商店，門口掛著厚重的布簾，才能遮擋住不停咆哮的大風。

丹增隨著劇情起伏不時樂得哈哈大笑。這部在台灣第四台頻道上播放過幾百次的電影，丹增這天還是第一次看；他笑得很盡興、很自然，渾然不覺得零下 20 度的氣溫能算是什麼樣的事。我們沒有說出我們的忐忑，心裡倒也不由得想著：丹增和馬丁同年、還比威廉年長一些，如果他都能這樣談笑自若，我們又有什麼過不來的？

　　吃完麵、看完片子，喝足了酒，我們告別店家、在冰凍的黑夜與大風裡，緩緩走回今晚落腳的民宿。

　　前腳跨進房門的時候，方才一直轟轟作響的發電機突然也安靜下來。

　　回頭望向剛剛走來的方向，連一絲光亮也見不著，一片漆黑之中，只有風聲還沒有停。

　　發電機關了，我們在阿里的深處，原來，距離文明有那麼遠，那麼遠。

店老闆讓出了座位，順便點上一支蠟燭。如果可以的話，我們都想給火爐一個熱烈的擁抱。

可當地採買的物資

之前並沒有在高海拔地區活動的經驗，多虧愛好登山的好友建安，在行前給我們不少裝備上的建議。冬天在青藏高原上的穿著，以及用得上的各樣物品，與登山的時候十分相似，不管是「三件式」或「洋蔥式」的衣服穿法，頭部足部的保暖物品，基本上走一趟登山用品店，就可以得到完整的清單。

如果沒有轉山、轉湖這些戶外徒步的活動安排，甚至不需要太考慮所謂高科技排汗的需求，只要注意一下防水即可。事實上，我們覺得當地人所穿的羊毛襯裡藏袍，就十分保暖舒適，而且比 Gore-Tex 大衣或羽絨服便宜許多。

唯一需要特別考慮的是睡袋。睡袋的體積是大了點，但在冬季的高原上，睡袋可以給人很大的安全感，而且一路上住宿的地方，可能沒有乾淨的被褥，睡袋可能也比較符合個人衛生的需求。

如果有些東西不確定要不要帶，或者出門後發現可能漏了什麼，也不用太擔心。無論是在成都或拉薩，都有非常專業的登山用品店，而且家數不少。拉薩已經是十分進步的城市，所有旅遊、生活，甚至探險需要的一般設備，都絕對可以買得到。唯一的問題是，價格會比其他地方貴上一截就是了。但過了日喀則以西，裝備就買不到了。

我們的心得是，關於裝備的事情不用擔心太多，沒有解決不了的問題，有決心、只管上路就是了。

順路

母親和兩個孩子上了車，讓我們載到下一個城鎮去。

那十幾個留下的人呢？

入夜之後，氣溫至少還要再下降十度，我不敢細想。

藏人與蒙古這些邊疆民族，都樂善好施。這與地理環境有絕大的關係。

當一個旅人走進你的蒙古包，你不留他。明天放牧的路上，可能就會看到他凍僵的屍體。

今天，你不對磕長頭的藏人布施，他可能翻不過接下來的山頭；你不敢肯定，他能不能熬得到下一個村子。

在阿里，我們才離開改則不久，開車師傅就探到了消息。幾天前，有輛武警的車在路上拋錨，由於整天沒有人車經過，等不到救援，車上的 5 個人全都凍死了。

沒過多久，一群滿載藏民的小卡車在路邊故障了，一行有十幾個人。幾個青壯的藏族人，在路邊不住揮手、請我們幫忙。這狂風與低溫，一般人怎麼可能在露天的情況下支撐太久？

他們請我們帶著母親和兩個孩子到下一個城鎮措勤去。畢竟一部小越野車載不下太多人。丹增看了看我們，這當頭，我們還為 5 個罹難者的事故驚魂未定，想也沒想，連忙點頭。

那其他留下來的人呢？那可是十幾個人，今天如果沒有車再經過，入夜氣溫還要再降個 10 度，這荒山野嶺。我不敢細想。

在措勤，由於太冷了，回到旅店，我們跑到值班室的火爐旁烤火。有個母親突然探身進來，希望我們載她的孩子到近 400 公里外的下一個小村落。或許是我們沒徹底聽明白，小朋友不是貨物，到了目的地也不確定有沒有人接，這樣的任務，我們 3 個大男人實在不敢貿然應允。

我們婉拒了她的請求，那藏族女人轉身離開時似乎有些不滿。師傅和旅店服務員用藏語討論了一陣，決定要把停在旅店停車場的車另外找

地方藏起來。師傅說，那女人是康巴人，康巴地區民風剽悍，我們回絕了她的請求，夜間說不定會來砸車洩忿。

一路上，總會碰上不少想搭順風車的人，藏人漢人都有；在措勤的這晚，有個制服公安就直接要我們帶他回拉薩。要不是他趕時間，還真不知怎麼回絕。「拉」不「拉」這些萍水相逢的陌生人，考驗著我們。

師傅讓人搭順風車，是有選擇性的。他救急，多半是看到了意外，他才停下車來。對於一般在市鎮上搭順風車的，他多半沒多問我們，就開走了。

有一回，一輛農用拖拉車翻倒在路上，路邊滿是木材與藏民。知道發生事故了，師傅把車停在路邊。一個受傷較重的男人滿手是血，由另一個人陪著，坐上了我們的車，我們送他們到拉孜的醫院裡就醫。這個人的手顯然是斷了，只要一動，就發出哀嚎。

在藏區，想搭便車的人不少。所以沿路不論是哪裡，到處都是招手攔車的人，但打劫的事情發生多了，停與不停，實在讓人左右為難。

高原網吧

太陽正是西斜的時候。

在嚴寒高原的熱絡網吧裡，突然意識到，

這個世界，並沒有停止轉動。

今天的路況還算平順，抵達措勤的時間早了些。這是在荒原上的一個小村子，只有一條馬路，沿著路邊有幾十戶人家。刺骨的風吹起沙，整條路上，看不到幾個人走動。

丹增原本屬意的旅店看起來還不錯，外觀很現代化。可能是冬季的關係，裡頭一個人也沒有，像是個被倉皇棄置的廢墟。

這幾天，總得花上個把小時才能找到落腳的地方。在措勤，一床30元的鋪位，看起來實在不太清潔，火爐也不管用，但實在沒有其他的選擇。就這樣吧，至少招呼我們的藏族女孩還算和善。

離晚餐時間還有兩個小時，我們突發奇想，決定到網吧去瞧瞧。措勤的大街上居然有網吧，這可是4500公尺的互聯網，說不定走的還是光纖線路。外觀上，高原的網吧和內地沒有什麼差別，招牌有些破舊，灰色的毛玻璃遮擋了向內窺探的視線，但拉開滑門之後，我們大吃了一驚。

除了開放式的十幾部電腦之外，這網吧還有獨立的VIP包間，而最重要的是，人聲鼎沸、座無虛席。一窗之隔的大街上，分明就是個荒遠高域的寂寞小城，怎麼裡頭氣氛如此熱鬧？一邊牆角的網路集線器，幾十個燈號快速閃動著，比台北下班時間的車潮還要繁忙。

負責看店的是一個年輕女孩，不能確定是漢族或藏族；她帶著歉意地對我們笑了笑，除了請我們一旁稍坐之外，實在也沒有時間多招呼，旁邊一台當機的電腦還等著她去「維修」。

沒有多少「顧客」注意到我們，絕大多數都是中學生模樣的年輕人，盯著各自的螢幕專注得很，全都是電腦線上遊戲。一旁的我不禁莞爾，本來還想看看有沒有人利用網咖找資料，看來不是我期待太高，就是想像力太豐富了。

在這樣的地方,與 Internet 的距離並沒有想像中遙遠。是世界將要改變這裡,還是,
這裡將會改變世界?

一個從 VIP 出來的年輕男孩，頭上戴著「火影忍者」圖樣的毛帽，寬鬆牛仔褲、看起來乾淨而入時，這樣的年紀與造型，近月來也是第一次看見。這些年輕的藏族小夥子，也曾經在荒山野嶺間經年累月的磕長頭朝聖嗎？

　　我們就這麼等著、想著。在這個荒遠小城的熱絡網吧裡，太陽正西斜。

　　後來當然還是上了網，拜中國的網路長城（The Great Firewall of China）之賜，台灣的主要新聞網站沒辦法瀏覽，但總算還有個 Yahoo 奇摩似乎沒有被封鎖。

　　讀到賈伯斯發表第一代 iPhone 的消息，突然意識到，這世界，還是沒有停止轉動。

筆

　　如果你在旅行時有寫日記的習慣，平地買的原子筆，上了高原，完全無法使用。

　　一般的原子筆，寫不出來。墨水筆，由於大氣壓力大幅降低，筆水的內壓較大，因此，漏水情況非常嚴重，幾乎完全無法使用。最好用的，就是自動鉛筆。不過，你也可以上了高原再買原子筆或墨水筆，高原上買的東西，就沒有水土不服的問題。西藏的文具很便宜，也頗好用，到了高原再採買就可以了。

甜茶

只要店家有，我們總會點上一壺。

那滋味，

成了我們與高原舌尖上的連結。

來了青藏高原，如果試了幾次，還是喝不慣酥油茶。建議你，喝杯甜茶。

　　甜茶得先將紅茶熬汁，濾渣之後，再加犛牛奶、白糖下去一起熬煮的。通常好的甜茶，奶加得極多，也夠甜，味道才香。

　　拉薩的藏醫院路附近，有幾家專業茶館的甜茶味道極好。拉薩的男人沒事就往茶館裡跑，打個小牌、賭個錢。兩毛一杯熱呼呼的甜茶，喝乾了，馬上就有跑堂的大嬸給你用暖水瓶再斟上。非常舒服。

　　但在茶館裡，也得看好自己的東西。我們在拉薩，逛完大昭寺的八廓街，乏極了、凍極了，就走到茶館坐下，威廉放下手中的炸熱狗，喝下第一杯熱呼呼的甜茶，閉著眼享受起來。沒想到他眼睛一睜開，乞討的孩子已把熱狗給搶走了。那孩子還頑皮的對著我們邊吃邊笑。

　　在大冬天裡，茶館是個熱熱身子的好地方。有些甜茶館甚至只賣甜茶，不賣酥油茶，但這是少數。多數的地方，只有酥油茶，尤其到了阿里，幾乎喝不到甜茶。

　　甜茶，傳說是從尼泊爾傳入西藏。因此，樟木的甜茶極佳。聽說亞東人煮甜茶，不論茶葉、奶、糖，都非常講究，甜茶的品質極好。可惜這一趟無緣去亞東。

　　由於青藏高原上食物通常會煮得很鹹，甜茶的甜味可沖淡鹹味。雖然喝一般的茶也可以有類似的效果，但甜茶較為順口，而且濃郁的奶香，煮出了奶中的油脂，滋潤了味覺。

　　昨夜才從珠穆朗瑪峰海拔近 5000 公尺的極寒高地下來，隔

天一早我們就到了 2400 公尺的樟木。氣候一下子回到了亞熱帶。大夥都精神起來。樟木的暖和，讓人不自主的、坐著就想發呆。

找了一個小茶館，坐在小店門口曬太陽。將小杯子裡的奶茶喝上一口，店員馬上就會打開暖瓶，替我斟滿。一面看著樟木街上熙熙攘攘的商客、搬運工、換匯的單幫客。打開了相機，整理著照片。想家了。

這也好。好久沒和家人聯絡了。把一整瓶的奶茶錢付了，找了個網咖，寫了封 Email 回家報平安。昨天，我還在珠穆朗瑪峰基地營眺望珠峰，今早，我已在尼泊爾的邊界城市，喝奶茶、看書。這麼遙遠，又這麼接近。5 天前，還不敢想，這樣的天候，能到得了珠峰嗎？但它卻已是我昨日踏過的足跡，逐漸遠走。

1 個小時後，還有點時間，回到奶茶店裡再看書、發呆。原本只想借坐在戶外的椅子上就好。沒想到老闆又端了一瓶熱奶茶出來。由於我沒有點茶，不知道該怎麼回應。小茶館裡裡外外也只有我這個客人。我有點不好意思的和服務員說，可不可以一杯一杯的點，我的朋友可能很快就回來了，屆時就得去吃飯。整瓶甜茶怕喝不完，可惜了。她說，你1 個小時前離開的時候，那壺還沒有喝完，剩下半壺你，再回喝，不用錢的。

質樸的人，看到的是溫暖。

舒服的陽光下，樟木街旁的甜茶，有特別難忘的溫潤滋味。

眼神

她回過頭來，直直盯著我這個陌生人瞧，一句話也沒說。

發現我注意到她，就沒心眼的咧著嘴笑，

候車室

在藏區裡，有一種對話，沒有文字，無法對等的回應，讓人深深的感動。你只能回以微笑，為其震動。這種語言，叫做眼神。在交會時，放出了特殊的光亮，你的心，不時地突然空白，任他帶著遊走。

12 月 24 日，耶誕夜的晚上，成都飄著小雨，我倆背著大背包，終於要踏上旅程。在成都的火車站，要上青藏鐵路前，有一道檢測站，像是坐飛機一樣，得用 X 光機檢查行李，再進入一個很大的候車室。

我們提早了近 1 個小時抵達。在候車室裡，早已擠滿了人，煙霧迷漫。我倆興奮的直傻笑，東看西看。找了一個遠遠的角落，坐了下來。拿起地圖，檢視著我們規劃的路線。

我刻意在候車室裡尋找藏人。大家穿著的衣服、夾克、皮鞋，其實差不多，但誰是漢人，誰是藏人，你可以輕易的分辨出來。藏族人被太陽曬焦、被風吹皺的皮膚，還有那未經世事的眼神，讓你輕易的察覺。

在不遠的地方，有一家藏人，8 個老少，穿著傳統翻羊皮藏服，顯得特別突出。男男女女，長髮散披在肩上。他們不高，但非常的壯，男人都有著寬闊的肩、厚實的身體、粗獷的面容。一個 4 歲左右的孩子，稚嫩的臉頰上，被曬出兩圈藏紅。東張西望、好奇的四處看著。

父子

　　上了火車的第二天中午，那一團藏人父子從一般的坐式車廂，走到
臥舖車廂參觀。我們這一車軟臥，坐不到一半滿。我倆不怕被打擾，房
門多是開著，可以從走道直接向裡看。這對父子對臥舖車廂充滿了好
奇，來來回回走了好多次。

　　他倆終於在我們的房門口停下，盯著我們瞧。那不是用一般文明
人、偷偷摸摸、窺視著別人房間應有的方法。父子兩人手牽著手，霸著
門口，頭伸進來就四處張望。臉部沒有表情，沒有不好意思，就這麼伸
頭進來，左看、右看，再看看我們有什麼反應。我正在看旅遊資料，抬
起頭來，對他們滿懷善意的微笑、點頭。

他們盯著我的眼神，赤裸裸、粗野、原始。這是第一次，與藏人眼神交會。讓我有一種對峙的感覺，彼此僵持了好幾秒鐘，讓我侷促起來，不知道哪裡不對勁，該怎麼回應。反倒是我像做錯了事，最後，我做出了眼神的讓步。

父子倆以藏語對了兩句話，離開了房門口，繼續他們在火車上的晃蕩。

一會兒，這對父子再度從另一頭走了回來。又在我們房門口停下來。同樣的動作，倚著門，向裡看。這一回，我再對著他倆微笑。這父子倆，依然沒有回應，眼神直直的看著我，再看看我們房裡。

我拿起相機、錄影機，開始捕捉他們的眼神。父子倆停在那兒，任由我拍。輪到他們不知所措。

　我想出了與他們互動的方法，我拉著孩子，請他們進房裡來參觀，坐在床上，孩子指著車箱裡裝載的 LCD 平面電視，我把搖控器交到他手裡，父子倆高興的把玩，轉換著頻道，不時的呵呵笑了出來。

我拍了許多照片，然後讓這孩子由相機的屏幕上看著剛剛拍下的照片。孩子對相機非常驚奇，左手拉著父親的衣袖，要他一起看。他倆看著、看著，哈哈大笑。

我再用錄影機錄下這對父子交談、看照片的畫面。我不懂藏語，不知道怎麼表達。只能用漢語告訴父親，兒子好帥、好帥，眼睛好大好大。

對於我的語言，他以溫和的眼神告訴我他嘗試著了解。搭配手勢，我又講了兩遍。他知道我在誇獎他兒子，高興的笑了起來，然後以右手手掌托起他兒子的後腦，讓兒子仰望著他。就在我們面前，他側起頭，嘴對著嘴，深深的吻了孩子。

這 3 秒鐘的深吻，好長好長，這是我不熟悉的親吻，陽光從車窗斜照進來，照亮著這對父子擁吻的深情。

不久，這對父子把火車上整家子 8 個人全都叫來參觀我們的房間。有些人坐在床上看著播放的錄影與照片；一些人則看著電視。小小的臥舖裡，充滿了歡笑。

長頭

在大昭寺前，看到了藏人虔誠而堅定的眼神！

冬天裡，清晨 8 點多，天還沒有亮。大昭寺前，磕長頭的人陸續開始聚集。

一位留學印度的女喇嘛，藏人的長相，不到 30 歲的年紀，眼神晶瑩剔透，看到我在拍照，從磕長頭的區域走出來，她不會說漢話，我們用英文聊著。一會兒，一位近 45 歲的義大利人趨向我們，加入了我們的談話。對於磕長頭的藏民，他讚歎著，這是什麼樣的子民，心靈可以如此純淨。

大昭寺分兩層，進大昭寺的主廟是要門票的，藏民與漢人的價錢不一樣，相差幾十倍。這可以理解。這是藏人的神廟，藏人進自己的廟膜

拜，沒有道理要收錢。

　　早上近 10 點，太陽剛剛暖和起來，我坐在大昭寺的前院，滿滿的人潮，前胸貼著後背、排隊等著進寺。有 4 個約 20 歲左右的年輕藏族壯漢從大門口，三步一拜的擊掌、磕著長頭跪進了大昭寺。他們雙手套著木屐，每回起身跨步，雙手就盡全力以木屐拍打合十，輕脆的擊木聲，震動著大昭寺前院的穿堂。原本嘈雜的大昭寺大廳，突然肅靜了，四位藏漢穿著磕長頭的藏服，早已被沙土、泥濘沾滿。這不知歷經了多少個日月，從多麼遙遠的一方，翻過了多少啞口，在嚴冬，磕著長頭，抵達了夢想的大昭寺。

　　這 4 個年輕人，眼神堅毅、銳利、毫無妥協，從跨進寺門的第一道門檻，他們的眼神就直視著主殿的釋迦摩尼等身像，沒有一刻曾經飄移。那是信仰的篤定！

　　他們五體投地的磕進了大昭寺。聽到這木板敲擊的合十，寺內的信眾自然讓出了一條通道，讓他們磕著頭入寺。大昭寺的內院柵門有公安駐守，鐵柵緊閉，一般藏人與旅客必須從開放的偏門進寺。磕長頭的 4 人不想從側門入寺，磕到內院鐵柵正前方，他們站起來，齊聲拍打著木板，前後拉動著鐵欄，大喊著公安開門，一會兒，許多藏人開始幫忙叫人開柵。震懾著這 4 人的威儀，公安立即上前，把鐵柵拉出一條小縫來，讓他們繼續磕著頭進寺。

醫院

　　漸漸的，我們適應了這種眼神。

　　在冬天，許多偏遠藏族的農民會選擇在這冰封的季節裡來拉薩朝

聖。在拉薩的餐廳裡，和藏人一起吃飯，很有意思。他們就是會盯著你看。嘴裡咀嚼著食物，眼睛盯著你打量。

有一回，在藏醫院觀察室裡打針，十幾張病床上，只有三、四床藏人，各自躺在床上打針，眼睛齊看著一台電視。一位近 20 歲的藏族的女孩陪著家人來，臉頰的藏紅顏色很深。電視裡播放著藏族的連續劇，她被內容深深的吸引，目不轉睛地張著嘴，全神貫注地看著電視。笑起來，放聲地笑，好自然地釋放著內心的歡喜。

整個房裡，就我一個外地人。電視第一次進廣告，她有了空檔，就回頭盯著我。好像除了電視以外，這個房間裡唯一令她好奇的，就是我。接下來，連續劇一開始，她就回頭盯著電視；廣告一開始，她就轉頭直視著我。她沒有說話，看到我注意到她，就沒心眼的咧著嘴笑，眼神也沒有要避開。我對她點點頭，也對她微笑，示意地問好。

就是沒有辦法習慣藏人直視你的眼神，那種想從你身上看到世界的眼神，潔淨、溫柔的歡迎著我的到來。

鳥獸

師傅說這山裡面,

人和動物,都被自然磨練出不平凡的本能。

高原的動物，與內地有相當大的差異。我們冬日深入青藏高原，在可可西里、在阿里，看到了一群一群的藏羚羊。每一次看到，我們大喊著：看！藏羚羊！一次一次的驚喜就像看到了神蹟。

離開措勤，當我們被那搓板路顛得昏頭轉向，路邊的田鼠被我們擾了清靜，一聽到我們的車聲，跳著跳著趕緊跳回洞裡。在這個清晨，3 個小時內，我們看不到一輛車、一個人，卻讓我們看到了三群、超過百隻藏羚羊就停在路邊，瞪著眼看著你穿越，若你一駐足，馬上換牠狂奔而去。或許，連藏羚羊也訝異著：你們怎麼這個季節來。

一晚到了拉孜，天還沒有黑。開車師傅說：走，帶你們去看「雞」。

他說：青藏動物通常比內陸都小一號。藏區的雞，小到可以「飛」。他帶我們走過旅館宅院的大操場，往樹「頂」上一指說：那就是藏雞。我們仰著頭、張著嘴往上看。果不其然，一群藏雞，像鳥一樣，停在大樹的樹枝上休息，動也不動，遠遠看，絕分辨不出是鳥是雞。牠們一展翅，飛個 20 公尺，上個三層樓高，毫無問題。這可真是開了眼界。

牛、騾，也是不凡。到了青藏，高原起起伏伏。每一種高度，動物需要不同的生存能力。3000 公尺以上，是犛牛的天下，但高原的犛牛是在高山凍嶺裡吃草，多是不幹活的。到了2000 到 3000 公尺之間，就出現一種像犛牛又像黃牛的牸牛，這是黃牛與犛牛配的種，能耐寒，又能在稀薄空氣裡刻苦犁田。

馬和驢雜配的騾子就更好用了。過了德格，我們去梅里雪山看明永冰川，在迴轉的山路裡，騎騾子是最好的選擇。大家都知道，騾子脾氣臭，沒有想到，放屁更臭。馬丁的騾子威風得不得了，不但朝後面的威廉頻頻放屁，還邊走邊大了兩坨超級大騾屎。正高興的唱著騰格爾〈在那遙遠的地方〉的威廉，掩著鼻子，哈哈大笑。

　　我們問牽騾的馬伕為什麼不騎馬。他說，馬太笨了，不會轉彎，在山路走危險。一沒拉好，就掉下山裡。騾子聰明，不拉他，碰到彎自己轉，就算在山壁上走，也不會掉下去。所以藏區裡，騾子的價錢是馬的一倍。

　　有時候，車開在高原上，看到山羊、犛牛在極為陡峭的山壁上吃草，失足一步，可就是萬丈深淵，深深為牠們捏一把冷汗。師傅說，別擔心，就算下一步得跳下 20 公尺，只有腳掌大的落足空間，藏山羊也是毫無猶豫的一躍而下。他們小時候放牛、放羊，還不都在這種山裡跑，什麼事也沒有。怕只怕被老鷹攻擊。老鷹會趁著山羊在峭壁上吃草時，從高空俯衝而下，將小山羊拍打下懸崖，待山羊摔死了，再把山羊給吃了。

　　師傅說，山裡面人、動物都被自然磨練出非常不同的本能，和自然依存。在城市裡，賺錢變成最重要的事，本能都不見了。

阿里地區的野生藏馬，體型較其他品種嬌小。

列隊而行的西藏野驢。

薩迦祭典

偷香油錢的小孩四處張望,對上了我驚訝的眼神。

那眼神,如同其他乞討的小孩一樣,

明澈地讓人不忍怒目相視。

　　一早從拉孜出發，趕著到著名的花教薩迦寺。這是丹增主動推薦的
地點，車子得駛離 318 國道，往南再走數十公里才能到。先前因為缺少
證件、亞東因而沒有去成的事情，他一直惦記在心裡，似乎也想藉著這
個地方，補償我們。

　　一個多小時的路程，走的全是柏油路，相較於昨天的 500 公里顛
簸，實在是許久沒有享受到的幸福。

　　薩迦寺有著很特別的建築形式。紫紅、黑、白三色塗裝的外牆，至
少有四、五層樓的高度，加上四方端正的外型，乍看之下，像是軍事用
的碉堡。薩迦寺也是藏傳佛教中薩迦派（花教）的主寺，以前從沒有弄

清楚這些教派的差別，但中學的歷史課本上提過，成為元朝蒙古人國師、創造蒙古文字的八思巴，就是西藏薩迦派的一代領袖；這位蒙古國師可能也是在金庸筆下、讓南宋眾武林高手頭痛不已的金輪法王。

來到幾千公里之外的高原上，突然把這些年輕時歷史的記憶串起來，有種既陌生又熟悉的特別感覺。

10 點多，薩迦寺的大院裡，藏民們陸續湧入，聚集在廣場上等著，就連大院四周的樓牆頂上也或站或坐地守著許多人，氣氛不太尋常。丹增一問之下，才知道今天正好有重要的儀式要舉行，原本在偏殿裡的護法神像，每年都得在這天移入正殿供奉幾週，除了藏民以外，寺裡的喇嘛似乎也全部盛裝動員，各式的藏傳佛教傳統樂器與法器，把大院變成讓人眼花撩亂的展示間。

丹增直說我們很幸運，這不是原先能安排好的行程，就連他自己也沒有見過。由於宗教中角色定位的關係，護法神像的面貌一尊尊都猙獰可怖；眾僧人吹著法螺，敲擊著手上的鈸，一時間法樂大作，足足有兩人高的護法神像，由人舉著、威風八面地繞寺一周，最後在大院中做完象徵驅小鬼的儀式，才陸續進入正殿。

聚集的藏人們靜靜地看著，不推擠，不鼓譟，連小朋友們也一樣。

這實在是令人興奮不已的巧合，可惜的是，我卻一點也止不住暈眩。從昨晚開始，就感覺頭重腳輕、昏昏欲睡，整個就是受了風寒的標準徵兆；我們心裡都清楚，在高原上感冒有多棘手，忐忑之餘，連儀式也少了細細觀賞的心思。

繞寺驅鬼的護法塑像。

在偏殿裡，朝拜的藏民絡繹不絕，我手扶著柱子試圖維持清醒，同時也留意到一個八、九歲大的小孩，一個人默默地、逐一向每一尊佛像叩頭。這信仰的根紮得多深啊，我心裡才這麼想著，沒料到但見那孩子迅速的伸出小手，將案上信徒們捐獻的小鈔，揣入自己的藏袍前胸口袋裡。

就在他四處張望、想要確定有沒有人發現的時候，對上了我驚訝的眼神。大概有幾秒鐘的時間，他就那樣定定地看著我，也不逃跑。那眼神，一如我在拉薩見到的所有乞討的小孩，明澈地讓人不忍怒目相視。

我不了解他的處境，我可能沒有資格批判他，但這可是你們族人全心信服的神靈，這小孩，有什麼難處需要如此忤逆？

又昏又亂。小孩見我沒有其他反應，只是怔怔望著他，終於轉身一溜煙跑了。我是不是該做什麼？

書上說，薩迦寺的僧人是可以娶妻生子的；白天在廟堂裡虔誠禮佛，夜裡有溫香暖玉在懷，多麼奇異的修行生活；甚至住持法王的頭銜也不經過靈童轉世的程序，而是父子相承。

所以，對於這盜香油錢的小孩，喇嘛們會怎麼處置？

再也支撐不住，回到車上，癱軟地沉沉睡去。

羊八井澡堂

人生無憾。

我們說，就算此行只記得這一句話，那也就足夠了。

這一路上，五、六天沒有洗澡算是很正常的。想到今天，能到聞名的羊八井洗個溫泉，就令人興奮起來。

尤其是日喀則到羊八井的山路，雪山壯美，峽谷有時廣闊、有時深險。師傅說，我們選了一般遊客鮮少會走的路線。

羊八井原本是我們計畫過夜的地點，但碰到淡季整修，不僅沒了餐飲、沒了住宿，連淋浴設備也因為水管結凍而罷工。

還好我們到的早。先好好地享受溫泉，等會再到下一個城鎮去找住的。

近一個星期沒有洗澡的兩個人，一想到要直接泡入溫泉池裡，就實

荒野中，終年冒著蒸騰白煙的露天溫泉。當地人囑咐，千萬不能大聲喧嘩，以免驚擾神靈。

在受不了良心的譴責。於是只好換了泳褲，在管理員的暗示、幾個解放軍弟兄直喊「不冷」的鼓勵裡，我們全身脫光光的站在戶外，在零度以下的氣溫對抗陣陣大風，還不好意思隨便沖兩下就下水。我們好好搓洗了 6 天未浴的身子，但那肥皂凍得硬得不得了，少了皂性，可讓我們這「沐浴淨身」痛苦萬分。

這真的一點都不浪漫。遍身刺痛的冰冷直讓人跳腳，幾度不想洗了，只是那一絲微弱的道德良知，勉強阻擋了我直接跳進那熱呼呼溫泉池裡的念頭。

就在我們總算清洗乾淨，問心無愧、舒爽地泡入池中，眼瞇瞇、口吐氣、獲得解脫之際，眼睛一張開，居然見到兩位遊客，泡完了澡，蹲在池邊，拿起拖鞋，浸到溫泉池裡清洗，還涮涮了幾下。

我倆張著嘴，一臉訝異的看著他們。

當下竟也沒想到咒罵。等他們一走，我們倆張起嘴哈哈大笑，笑得肚子都痛了。

威廉開玩笑地說：看啊，這才是真正的男子漢！

隨遇而安，是我們的旅遊心態。我們掩耳盜鈴的游向偌大溫泉池的入水口。想當然爾，入水口一定是很乾淨的。

忘了那兩雙拖鞋，放眼看去，天寬地闊，雪峰綿延，泉水溫潤，物我兩忘。

我們聊了子女，聊了當年曾經都去考了托福、卻都放棄出國念書的往事。聊了浮潛、爬山，以及那許多人生的往事。

最重要的結論是，雖然這一生還不算太長，但至少在此刻回想起來，實在沒有什麼遺憾。除了年少時的那些青青情事。

人生無憾。就算我們此行只記得這句話，也就足夠了。

羊八井的溫泉足足泡了兩個小時，才滿足地起身趕赴當雄。

晚餐的小份大盤雞與手抓羊肉滋味不凡，旅店很文明，據說有供氧裝備。馬丁開了一下行動電話，入藏之前的那個世界，好像又翻天覆地的起了變化。但是，那已不重要了。

積雪未融的高原。後方遠處是念青唐古拉山脈。

納木錯

僧侶紅色的袈裟，在風中飄逸地揚起，
山野之間一片雪白，潑染其上的是靛藍的湖水。
藏人叫這裡是「天湖」，我相信，我相信。

　　在大雪的冬天，封山的季節裡，納木錯展現出絕美、震懾人心的天地山水。

　　它讓人與自然，渾然混為一體，卻又呈現出無法理解的神祕。

　　在納木錯的札西半島上吹著刺骨的寒風，山壁裡走出來兩位修行的喇嘛。兩人花了 15 年的時間，在神山、聖湖、滇緬邊境的大山裡，陸續閉關多次，遊走了印度、尼泊爾等地，最後選擇在納木錯札西半島山中，鑿開山壁，關洞閉關。

　　喇嘛說，半個多月前，這裡才下了一場大雪，念青唐古拉山與納木錯間，原本尚有青綠的草原，現在蓋上了全白的白紗。放眼望去，靛藍的湖水，靜仰在山野的棉絮白裡，大地只剩下這兩種顏色。

丹增說，夏天來納木錯，札西半島上滿是遊人、攤販，非常熱鬧。

我們幸運地，選在封山時的嚴冬來訪。半島上，兩位僧侶，各立一方，執著轉經的鐵杖，佝僂而行，紅色袈裟在風中飄逸地揚起，像是畫裡的山水，即使少了繽紛的色彩，那潑染意象、靛藍的「錯」、無際空寂，是阿里過後，另一次深沉的感動。

天地不斷的浮現一股難以被形容的力量。湖水邊緣，毫無污染的雪白冰層，襯托湖水的天藍色澤更加的純淨。天地的顏色，純淨地非常不真實，像是個幻境。

難怪，藏人叫納木錯是「天湖」。

念青唐古拉山終年的雪白飄渺在遠方，天湖，躺在 4718 公尺的高原上。

　　我們在冰封的雪山裡走著，意外地看到一隻小獒犬，在路邊的雪地裡掙扎。我們救起這個小生命。一隻出生不到 10 天的小犬仔。

　　丹增說，這隻小狗可能是前車掉下來的。才會幸運地仍在路邊爬行，被我們撿起。若走進雪地裡，可能撐不過兩小時的冬雪。

　　藏人叫這種獒犬為「拔狼」，長大以後會是一隻兇殘、但極度忠誠的家犬。是獒犬中攻擊力極強的一種。丹增的小女兒好喜歡小犬仔，將這隻從雪地鑽出來的藏獒取名雪兒。

　　在這裡，生命通常是一種偶然，是一種恩賜。

　　對於這種恩賜，讓一批批磕長頭的朝聖信徒，在通往聖城拉薩的路上，榮耀著諸神。

　　「刷……，刷……，刷……」在青藏公路上，磕長頭的藏人，將全

身的力量，撲滑向前，身體與地
面巨大的碰撞與磨擦，發出空
響。在山谷裡，震撼著每一個
人。

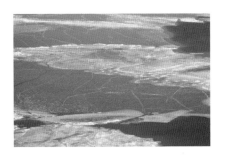

納木錯，逐漸凍結的湖面一隅。

　　來往的卡車，就在他們的身
邊，一部一部的呼嘯而過。他們
沒有避開。在筆直的公路上，磕
長頭的教徒以每一次撲倒向前的力量，伸展肢體的長度，測量著磕往聖
城的距離。

　　是幾天，幾個月，還是幾年？

　　深怕耽誤了他們磕長頭的行程，不敢打擾他們。

我們停下車來，在路旁，凝神看著。

領頭的年輕人看到我的注視，停了下來。15 人的磕長頭隊伍就這麼全部停了下來，笑笑地看著我。

沒有人會說漢語，靠著開車師傅居中翻譯。他們住在西藏北部大城那曲旁的一個小村子，冬天農閒，村子裡的鄰居相約一起磕長頭，磕到拉薩。領頭的藏人說，他們已經磕了兩個月了，應該再一個半月就可以到拉薩。

這麼冷，睡在哪兒？他們說，就睡在路邊啊！

談起磕長頭的過程，他們講起來，好像要去 5 里外河邊打水那般的輕鬆、自在。

當磕長頭成為對諸神的奉獻，艱苦的過程，成為身體與心靈的解脫。

湖邊閉關的修行人。

釋放

旅行前的壓力愈大，旅行時通常會得到愈大的釋放。
我們這一路，都在享受這樣的奢侈。

旅行前的壓力愈大，旅行時通常會得到愈大的釋放。

我們這一路，都在享受這樣的奢侈。

由阿里回到拉薩後，將打尖的拉薩亞賓館大廳當做是我們的辦公室。每天攤開青藏的大地圖、打開電腦、整理照片、面談司機、規劃線路，都在這裡。亞賓館是個國內、外背包客的聚集地，每天人來人往。外地來的人，看我們留著鬍子、長髮披肩，像極了專家，聽到我們冬天還去了阿里，無不肅然起敬，三不五時的跑來諮詢我們的意見。

雖然納木錯已經封山了，但我們還是推薦了廣東來的一組年輕人搭上了兩輛吉普車，硬是闖了一闖。搭乘的是我們審核過關司機的車，一大清早4點多，天不亮就出發，到了晚上近7點才回到拉薩。

他們一回到亞賓館，就面帶感激、雙手緊握著我們的手，不斷的說：太值得了，太值得了！我們想，果然這是一群性情中人，和我們一樣，對於大山大水產生了特殊的感動。

結果似乎不是那麼回事。隔天，師傅說，這一團人真是不知道怎麼了，實在亂七八糟。剛過了高原埡口，遠遠見到納木錯與白茫茫的雪山，大夥就像瘋了一樣。兩個女生，在雪地裡跑得老遠，脫光了衣服，就互拍起裸照，也不怕凍著。

我們馬上就吆喝著：「哇，師傅，那你不是賺到了。師傅你快說，到底有沒有用手機遠遠的偷拍？」

師傅面帶微笑、有一點不好意思地說：「他們倆走得老遠，就看到了個樣子。根本看不清楚，拍也拍出不個所以然來。」

我們說：「那就是有拍了哦！……趕快把手機交出來！」

師傅死也不肯交出手機。一直解釋：「沒有拍、沒有拍！」

這師傅怎麼都不肯分享，引發了後遺症。他就在出發後的第三天開始長針眼。真的長了針眼！他說，眼睛裡老是有東西滾來滾去，磨著眼珠子，最後只好去買眼藥水。我倆就笑他，早叫你把裸照交出來，就不會得到這樣的報應。哈，哈，這是罪有應得。

當我們出了西藏，進了四川。川西的風景，一再令我們驚喜。湖面全部結冰的新路海，美得令人魂魄出竅。

新路海是四川最高的湖泊，海拔 4000 公尺。藏語稱為玉隆拉錯。據傳是藏族傳奇英雄薩格爾妃子所愛之處。當車子好不容易滑過了結冰的「川藏第一險」雀兒山，讓我們鬆了口氣。看到新路海，兩人頓時說不出話來。這裡像是天神賜予跨越雀兒山的人一份大禮。

整個海子全部結冰。放眼一片湖海，倚著終年積雪的雪山，空無一人。馬丁怕危險，坐在湖邊的石頭上享受風景。威廉則把相機一擺，就踏著冰往湖心裡走。一走到中心附近，威廉就玩了起來，在湖上，一會兒全身趴著冰滑；一會兒站起來，用獨腳溜；他唱著歌、跳著耍寶，最後還仰躺在結冰的湖面上，不肯起來。

他大聲笑著、喊著說，如果冰面破洞，人掉下去了。告訴我的家人，我今生無憾！

看著他快樂的釋放，你真相信他「今生無憾」。

走過 20 天的阿里，萬里無雲。出拉薩後的第一天，我們翻越色季拉山的山口，第一次看到天空飄下的小雪，我倆大聲的叫著：終於下雪了，終於下雪了！我們跳下車，唱著歌，跳起舞來。輪流站在路椿上，自然地扭著腰、擺動著手，像極了頑皮的孩子。

還不止如此，這一行，愈走到最後，愈是輕鬆，練就了逢事必喜的

精神。

　　第一次進拉薩，看到街頭的乞者，相當不捨，我們常常會布施。但有一回，一群藏族的年輕人，身穿整潔的藏服，高大挺拔，面容清淨，與我們擦身而過，對他們產生了極好的印象。但沒有想到，1 秒鐘後，其中一個年輕藏人回頭走來，拍著我肩膀，伸出右手，上下擺動，就要乞討。對於這種好手好腳的年輕人在街頭隨機式的乞討，實在令人非常生氣。威廉靈機一動，學著他們，伸出右手，上下抖動，成乞討狀。我用手拍著威廉那抖動的手，生氣的說，幹什麼，別搶我生意。我也伸出右手，上下抖動。這年輕人識趣的離開了。惹得我們噗一聲笑了出來。當然，對於藏族的僧侶，我們就會尊敬的奉上布施。

　　到了昌都，一早起床，真是凍僵了。這個藏東的大城，有個美容院。一早天剛亮就上班了，勤奮得很。早餐店就在美容院旁。我們吃完早餐，等著師傅慢用，站在大馬路旁，在美容院小姐後面排好隊，跟著做體操。惹得路人與早餐店裡的食客不斷的哈哈大笑。

　　威廉的朋友曾提醒他，兩個好友一塊旅行，翻臉的機會很大。

　　但這一行，我們倆充分發揮搞笑本領。

　　最後發覺，兩個人的旅行，其實真是不錯！

在色季拉山口，第一次碰見降雪，興奮的
威廉振臂高呼。

眼看威廉實在張狂，馬丁也按耐不住、秀了一段舞技。

跌跌撞撞地，跳起
冰上華爾茲。

實在豁出去了，乾脆
就在結冰的湖面上
躺成大字。

一旁的馬丁讚嘆之餘，
又露了兩手。

當你知道，生命非人所能操控，下一刻充滿未知時

你會嘗試著與自己和解

與家人、同事、朋友，與一生的追求，進行和解

生命突然變得寬闊起來，人生的不可能，變得可能起來

萬江出藏東

塔公寺。

從山口上暸望，理塘縣城在太陽即將隱沒的方向。

從甘孜到爐霍的路上，不知名的海子。川西藏民稱湖為「海子」
或「海」。海、海子、錯、湖，基本上是一樣的意思。

然烏湖，山頂上的
積雪被大風捲得四
處紛飛，結凍的湖
面像鎖在薄霧裡。

墨脫

不論男女，都是笑著走進去，哭著走出來。
會鑽進皮膚裡吸血的螞蟥，
用煙頭根本燙不出來，最後幾乎都得動刀去挖。

個縣中唯一一個沒有對外聯絡公路、沒有郵件可以到達的縣。墨脫在西藏林芝的東南角，接近緬甸與印度的交界。歷年來，花費無數，不斷的修築道路，但還是在一次一次的土石坍塌中，截斷了對外的聯絡。

我們在路經雅魯藏布江的支流帕隆藏布江時，經過了進出墨脫的唯一入口。那是橫在帕隆藏布江半山腰上一座孤寂的吊橋。泰半腐蝕的木板散舖在橋面上，吊橋搖搖欲墜。我們在這個吊橋旁休息了 30 分鐘，山谷裡靜無一人，只有風，與江裡激流衝撞巨石的拍打聲，感覺異常的陰冷。

這座吊橋不大，只容得下兩個人錯身。在冬日下午 3 點，高山的深谷裡，太陽無法直射進來。從遠方第一眼見到吊橋，無法清楚的辨識橋形。因為橋上是一層一層不斷加掛上去的經幡，隨著帕隆藏布江谷底湧上的強風，啪啪作響，橋則不甚牢靠的左右晃動。

連續 4 天的徒步，是進出墨脫的唯一方式。這裡就是入口。

往墨脫的路途中，必須不斷的在山壁窄道與吊橋中穿越大河、森林，還必須透過跨河的溜索、籐橋，越過 120 公尺寬的雅魯藏布江。4200 多公尺高的多雄拉雪山終年積雪，是所有登山客最怕的關口，只能早上、不能下午過此埡口。被太陽照射一個早上的雪地，到了下午就危機四伏。單程 4 天的旅程，由於充滿了艱險，成為背包客挑戰的聖地。

墨脫也是藏族的蓮花聖地，藏人稱墨脫為「白瑪崗」，反射的是大藏經裡「甘珠爾」談及「佛之淨土白瑪崗，殊勝之中最殊勝」之所在。

墨脫的平均海拔只有 1000 多公尺，但是又必須跨過 4000 多公尺的多雄拉雪山，由於海拔高度差異很大，因此沿途的自然景觀非常豐富，而且是藏區裡少見充滿熱帶景觀地區。由於氣候溫暖，平常在夏天才會

碰到、登山客最怕的螞蟥，處處可見。

我們在麗江旅館碰到一位女櫃台。她看到我們背著大背包，彼此就聊起在藏區的歷險過程。她毫不猶豫的說出她最驚險的旅程，就是參加一個中外徒步團，走進墨脫。我們一聽到是墨脫，看她又是一個弱女子，馬上肅然起敬。

但她說，坦白說，她再也不願意再走一次。這個團，不論男女，都是笑著走進去，哭著走出來。一被野草、樹葉碰到，都會不由自主的驚聲尖叫，就因為那螞蟥。

由於夏天一到，往墨脫的途中，**螞蟥**在草上、樹葉上，到處都是，只要一接近而沾上，**螞蟥**就會鑽進你的皮膚裡吸血，如果沒有馬上用煙頭把牠燙出來，待血一吸足，脹胖了，就鑽不出來了，必須得用刀子把皮肉切開才能挖得出來。她們一行人，每一個人都被螞蟥沾過，用煙根本燙不出來，最後都得用刀挖出來才行。

開車的師傅也說，去年載了一趟日本大學教授的研究團走川藏線，教授的女兒在路邊野草堆方便，鼠蹊部就被螞蟥沾上，第一天不敢說，發了高燒，車隊停下來讓她養病休息，到了第二天，教授才不得已和司機說了實情。由於在荒野，無醫院可就診，最後只好靠著師傅的經驗，把吸飽血的偌大螞蟥，用刀給挖了出來。

墨脫對外的公路，短期無法恢復。原野的艱險，不會改變。墨脫最有名的石鍋（石頭做的鍋子），還是得靠揹夫一步步背出山。然而，墨脫的自然資源極為豐富，即使與世隔絕，經濟也能自主。如果有冒險精神，能成功挑戰墨脫，對背包客而言，將會是一項被眾人豎起大拇指稱道、一生探險路程重要的里程碑。

萬江之源

不用精確的測量也可以知道，

我們所站立的地方，與江水之間隔著粉身碎骨的距離。

印度河的上游，是穿越阿里地區的獅泉河，發源於神山岡仁波齊峰；馬泉河則是雅魯藏布江的上游，流入孟加拉後，與恆河相會。孔雀河是恆河支流哥格拉河的上游；象泉河流入印度境內，便成了薩特累季河。

　　這四條大河，源於高原的神山、聖湖，在藏西的阿里無人區裡。儘管發源地在喜馬拉雅山山脈群峰的北側，這幾條河川，卻都找到了南流的出口，成為整個南亞、印度的水源源頭。

　　不只是這樣。在青藏高原的東邊，湍急暴河從高山躍下平原。青海、西藏與四川的交界處，黃河、長江於一北一南的發源，往東蘊育出中國五千年歷史。就是這幾天，正是我們在藏東山谷中穿行的這塊地界，金沙江、瀾滄江、怒江三江併流，剛剛要開始展現生命的力量。

　　金沙江是長江的上游，南入雲南驚鴻一瞥後，就北轉入四川，向東，一路奔流入海。瀾滄江則一路向南，破山而出，進入中南半島，成為湄公河的上游。沿途經緬甸、老撾、泰國、柬埔寨，最後由越南胡志明市附近出海。

　　怒江起源於藏北唐古拉山側，那個我們入藏之初、望見過、銀白的錯那湖。怒江是西藏第二大江，切割出 1500 至 2000 公尺深的河谷。在昌都之前，怒江漫流在海拔 3500 公尺以上的高原群山裡，一派平和，一過昌都之後，高度開始一路陡降 1500 公尺，喧騰的江水就開始有了脾氣。在藏東，怒江走過的區域，沿途許多地段渺無人煙，險路多乖。是三江中最險的一江。

　　從來沒有一趟路，需要分辨這麼多江河的姓名與去路。

　　旅人的參考書上說，青藏高原的雪水順著這些江河而下，在匯流入

海之前，涵養了 47% 以上的全球人口。超過 30 億人。那是好幾個國家、好幾個文明，李白吟詠過的大江大湖、甘地洗浴過的恆河水，都同樣來自這個地方。

我們還來不及走過 30 億人的世界。但當我們在這裡，捧起路邊的積雪，用手掌的溫度慢慢融化，那雪水就會順流而下，在幾百萬平方公里的某處，匯入田疇之間，滋養著某株青苗，或者溽溼了某位戲水小童的衣角；而眼前流過的江水，或許在不久之後，也會在千里之外某個春暖花開的岸邊，輕輕撫過某個少女美麗的足踝。

這就是源頭了吧？百千條江水的源頭，是嗎？

俯瞰瀾滄江，川藏公路段。

瀾滄江，在蜿蜒的山谷裡
泛著華麗的光澤。

金沙江的凵字型大拐彎。江水從高原下來到這裡，已經是一年兩熟的區域了，對照起阿里的荒原，是完全不同的情調。

尚在西藏境內的怒江，顯得平靜而溫馴。

　　我們在險峻的山壁公路上停車俯望幾百公尺之下，那條閃著碧藍光澤的江水。山谷是那麼的深，不用精確的計算也可以知道，我們所站立的地方，與江水之間隔著粉身碎骨的距離，兩個膝蓋也不由得微微發軟起來。舉起相機拍照的時候，得蹲下身子、死死地挨著路邊的擋石。

　　心裡既敬又畏，還摻著幾絲驕傲。

旅館

那床被子，臭得像穿了 20 天、沒有洗過的褲子。

好幾次，已經睡著了，卻又硬生生地被臭醒。

這一趟旅行，從規劃開始，我們就決定當一個背包客，以最省錢的方式，貼近當地人的生活。

在奔子欄，我們住過一床人民幣 10 元的旅館。

從拉薩出發的第一天，落腳江孜，氣溫陡降，師傅帶住的旅館簡單、乾淨，房裡又有電視、浴室，我們很滿意。待決定住進來，服務生才告訴我們，水管凍住了，沒有熱水。上廁所沖馬桶，要到外面舀水才行。

為了展示我們好相處，對師傅說：沒事兒，才一晚沒熱水，沒有關係。師傅尷尬的微笑、點頭。

第二天，當我們到了西藏第二大城日喀則，住進班禪所經營的剛堅賓館，大廳金碧輝煌。這是日喀則最好的旅館之一。但我們發現，同樣不供熱水。

原來，冬天在藏區阿里，幾乎沒有旅館供應熱水。

心態重新做了調整。接下來的旅行，即使環境再差，藏區風情都成為享受。

新定日是一個幾十個小房子聚起來、轉入珠峰前的入山小村。我們住進唯一冬天開著門營業的藏式家庭旅店：雪人賓館。

我們放下行李，師傅招呼我們到大廳烤火。這是一般家庭的客廳，有藏式的火爐，爐上燒著一壺壺的熱水。

我們各點了甜茶、酥油茶。這裡的茶，煮好了放在熱水瓶裡。你乾一杯，服務的大嬸馬上來給你倒一杯；你喝一口，她也馬上給你斟滿。展現出這裡好客的人情味。

不過，旅行總是有運氣的成分，不可能每一晚都能住到令人

愉悅的旅店。

當我們下了珠峰，拖著疲憊的身體，一路趕夜車，到了聶拉木，已是晚上九點半了。聶拉木在很深的山谷底，村子只有一條街，冬夜裡，這是一座空城，沒有路燈，沒有人在街上走動。我們到的當晚，街上非常黑。師傅在雪域賓館門口停下，敲了好久好久的門，服務員才出來開了鎖，讓我們住進去。住的地方，完全沒得選擇。

被子是溼的，門沒有辦法從房裡面鎖起來。剛躺下來想睡，就聽到天花板上，一隻老鼠從這一頭咚咚跑到那一頭，試探性的安靜了一會，再跑回來。老鼠們覺得樓下這兩個人沒有犯意，就在二樓練起大隊接力。鼠群的接力賽就這麼隆隆、隆、隆、隆、隆隆隆的跑起來了！一下子由左而右，一下子由西向東。每當正要睡著，牠們就跑出來嚇你。

兩層樓的小木頭房子，年久失修。在樓梯走上一、兩步，房子就搖晃鬆動、嘎嘎作響。真怕那木板撐不住，老鼠成群掉下來，踩在你身上。

離開了珠峰，開始進入阿里地區。夏天，這裡像是嘉年華會。旅館塞滿了印度人，全是要去朝拜神山聖湖的印度教信徒，招待所一床難求，一個車隊往往有 50 到 70 部車，浩浩蕩蕩的在荒原上穿行。

但在冬天，這裡是一個荒遠的異域，被人類遺忘的地方。絕大多數的旅館是關門的。舉目四顧，黃沙漫起、一片蒼涼。

進入阿里荒原，沒了柏油路，我們從此走在碎石頭與草原上。到了帕羊，這個被風沙淹沒的荒僻小鎮，只有陳舊而風蝕嚴重的破落矮房。

這幾天，天空總藍得沒有一片雲。但當夕陽在帕羊西垂時，天空出現颱風後才有的那種流雲，細薄如絲。十分鐘內，天空從金黃、橘色，

到最後的紫紅，我倆急忙從屋裡搶出相機，捕捉色彩濃郁的太虛幻境。

川藏線的旅店，由於人口密度比起藏區高，呈現出完全不同的風貌。

有一晚，我們在道孚這個鎮上找賓館，選擇相當的多。最後依照旅遊書的介紹，進住堰拉賓館，50 元一個雙人帶淋浴的房間，房內還有熱水可以洗澡。真是撿到便宜了。今晚省下來的錢，可以多叫一盤菜。

我們到旅館隔壁店家推薦的餐館去慶祝，享受一頓大餐，連司機三個人，叫了四個菜，最後土豆牛肉還吃不完。接下來又找了網吧上上網，直到晚上 9 點鐘，酒足飯飽，才散著步回旅館睡覺。

我倆悠閒的走回旅館，愈接近旅館，愈覺得不對勁，怎麼旅館周圍還這麼多人。到了旅館樓下，我倆張著大嘴，不敢相信自己的眼睛，然後再對看一眼，張口大笑，笑到腰都彎了。

咚！咚！……咚！咚！咚！原來我們住在迪士可舞廳的樓上。這個時候才知道，為什麼旅館這麼便宜。

我們笑笑地問了一樓的服務生：「這麼吵，怎麼睡。」服務生答得妙：「沒有事的，11 點就關了，歡迎你們免費參觀我們高原人怎麼跳舞。」事實上，清晨 5 點還在跳。

錢已經付了，退不了房。我們邊聽鼓聲邊笑著。也敲了師傅的房門，向他抱歉，選了這地方。

威廉先去享受熱水澡，不一會，水溫從三十幾度快速地降到冰點，滿頭洗髮精泡沫的威廉，只能蹲下來雙手環抱膝蓋，對著便器直哆嗦，在裡面大叫：「他媽的，沒熱水了。」原來，這熱水器是電熱式，每次的水量有限。哇，這可不得了，現在是零度以下的低溫。只能將保溫熱水瓶遞進去救急。

師傅的房間就在公共洗手間門口。他說，到了清晨 5 點左右，還有人打架，兩個男人打得頭破血流，跑到廁所沖水，女的在旁邊不停的哭。

這一晚沒讓師傅睡好，隔一天到了新都橋，讓師傅選旅館。師傅推薦了一家他曾住過的旅店給我們。天啊，三人的普間 30 元，等於是一張床 10 元。這是破紀錄的便宜啊。

到了晚上要睡覺，才知道便宜是有原因的。旅館供應的被子臭得像穿了 20 天沒有洗過的臭襪子。已經非常睏的我，幾次已經睡著了，竟然一次一次地被臭醒。翻來覆去好幾回，實在再也無法忍耐，只好把旅店的被子丟開，打開了登山包，拿出睡袋用，才終於睡到天亮。

旅行，總是會遇見驚喜的！我們幾次碰到古式的宅院可住，景象馬上回到了明清的中國。國際背包客最愛的成都龍堂，就連淡季冬天，客人常常都還是七成滿。威廉兩次來成都，都住在那兒。

在麗江，去古城裡住，有好多清靜的中式古客棧。沐府後巷的四合院客棧，每一家都很有特色。

四川、西藏、雲南交接處，景觀極為豐富，三江匯流外，梅里雪山、茶馬古道都在這裡。可以花上一個月進行深度旅遊。聘請一位嚮導，徒步旅行，是西方人探訪此區域經常採用的方式。

戴著頭燈的是威廉，手上那碗用溫水沖泡的方便麵則是早餐。
一早醒來，旅店裡沒有電、沒有水，沒有服務員，想吃點熱東
西，只能靠前一晚預先儲在保溫罐裡的熱水，自己張羅。

爐子裡頭燒著的是犛牛糞。藏族朋友見我們神色有異，連忙解釋說，牛都只吃草，
糞便一點都不髒的，用手拿都沒關係。

冬天住宿

在西藏，除了拉薩之外，多數的旅館冬天不營業。所以看旅遊書找住宿，未必準確。

此行在拉薩停留二次都住在亞賓館，這是值得推薦的住點。第一次住標間，冬天價一晚人民幣 180 元。夏天太滿，因此床位難求。第二次改住背包客的大統舖，一床每晚 20 元，適得其所。

出了拉薩，往西走新藏公路、大小北線；往東走川藏、滇藏公路，我們都會多看兩間旅館，再做選擇。冬天的議價空間很大，通常人民幣幾十元有一張乾淨的床，都是我們可以接受的範圍。

一般而言，往西到拉孜，往東到林芝，旅館常常會幫師傅準備免費住宿與餐飲，但冬天遊客少，旅館不願意支付。因此，另需包師傅的吃住，這是冬天額外的費用。

小姐，洗澡？

小妹正色地說，不要再叫我小姐了。

你們老是叫我小姐，但我可是清清白白的姑娘。

客氣還是有用的？

我們進了中國，遇到年紀較大的男士，總是尊稱一句先生；看到女士們，不敢叫老了，總是有禮的稱一句小姐。禮數算是很周到。

在拉薩、新定日，不論是早餐店裡的普蘭妹，或是新定日的旅館的接待員，我們總是有禮的說著，小姐，可否幫我們這個，小姐，可否幫我們那個。

說話有禮，也獲得了可以接受的待遇。

從青藏進來，再到阿里繞了一大圈，回到了拉薩，喘口氣，等著即將進入第二段精彩的旅程。算一算，這一趟也走二十幾天。我們兩人第二次到拉薩，可算得上是個熟門熟路的背包客。不再住兩人一房的標準間，挑了亞賓館六人房（一人一床）的統舖住下，一床才 20 元，還有公用的熱水淋浴，多麼體貼人的好地方啊！

看到剛剛入藏的背包客，喘著喘著，氣呼呼的說受不了，我們總是拍拍別人的肩膀說，別擔心，過兩天就好了。一副見過大風大浪的大哥要後進晚輩放心的臭架子。

剛從阿里走一趟回來，又歷險的跑了一趟大雪封山的納木錯，同房的韓國人、法國人，以及深圳來的徐小妹，無不豎起耳朵聽著我們講故事。吹牛吹到一半，突然這徐小妹笑起來。莫非這牛皮吹得太大，給人取笑了。

徐小妹說，沒事的，只是不要再叫我小姐了。在中國，「小姐」都是在酒店坐檯的，你們老是叫我小姐，我可是清白的姑娘。你們可以叫人姑娘、妹子，或稱櫃台服務人員為服務員，但就是不要再叫年輕女生「小姐」了。

天哪，這可糗了。我們可是沿路見了女生就叫小姐，而且叫了二十幾天，叫了不下百人小姐了。咱倆卻到現在，兩個眼眶都還沒有被打黑，耳光也沒有被甩一下。

大夥就知道，中國人與藏人是多麼恕而好禮。

然而，再恕而好禮，不明白的事，總也得問清楚吧。

我倆從拉薩往東，進了川藏線，第一站到了林芝。林芝是一個重點大城，還有機場，我們住的旅館依然沒有供應沐浴。師傅說，藏人一年洗三次澡，給藏人住的旅館幾乎不會有洗澡的地方。

但海拔已經降到了約三千公尺，氣候暖和多了。我們飽餐一頓後，想去好好的洗個澡。

我們跟開車的師傅說：我們想洗澡，師傅知不知道哪裡有乾淨的好地方，但他支支吾吾了半天，說不知道。我們又把跑堂的夥計請來。這人年紀也有個三、四十歲了，是個當地人。問了好幾次，他以藏語和師傅哼哼哈哈了好久，他說，往回走，就在後面的河岸邊，都是澡堂，有不同的價位，自己可以選。

原來不遠，那可是太好了。吃了晚餐，才八點多，回到了旅店，我倆拿了換洗衣物，逛到河邊，沿河岸，整排都是洗澡的地方。不過，這些澡堂大廳裡開的都是紅燈，我倆實在不敢貿然進去，希望河邊能有一家至少開著白燈，像別的鎮上，能在外牆玻璃上掛個「淋浴 10 元」這類的牌子。

在河邊，我們走了近 40 分鐘，就是沒有一間開著白燈的。好不容易有座橋，跨了橋到河的對岸，沒想到，仍是一片粉紅，外面掛的價錢都在 200 以上。最後走回大馬路，找了一家電器行。我們問老闆：我們

只想洗個真正的澡，哪裡可以洗澡？沒有想到，這電器行老闆笑著說，河邊那麼多家，可以真正地洗啊！他還露出那種會心一笑的笑容，指著，這邊的這幾家比較好。

後來問清楚了。原來「洗澡」是意有所指的說法，是指要去找小姐，洗色情浴的意思。正確的說法應該是說，要去「淋浴」，或是找「澡堂」。

再想想，還好，那飯館跑堂、開車師傅，都是男生，不算冒犯。若是碰到女士，我們依照習慣問起：「小姐，哪兒可以洗澡？」那事情就不好解決了。

中國文化確實博大精深。

天可憐見，我本無心！

作別高原

這個世界，再沒有你到不了的地方。

生命突然變得寬闊起來，人生中的不可能、變得可能起來。

從昌都出發的這天，要經過川藏省界，按照官方說法，我們已經算是離開高原了。四個月前，當我們攤開中國大地圖，畫出一條超越一萬公里的旅遊路線時，豪氣干雲、說嘴、衝動，現在，竟然全都成真了。

　　回想青藏高原的旅程，未知似乎沒有這麼可怕。未知反倒讓我們有機會品味旅行帶來的諸多驚喜。

　　當在拉薩，鼻子還因為乾裂而搗著血，三天後，我們已在喜馬拉雅山珠穆朗瑪峰的山腰上。當我還擔憂著拿不到邊境證，整個旅行將可能陷在日喀則半個月，幾天後，我們已在聖湖邊上，看著唐三藏眼中的西天瑤池，想像著是什麼樣的宗教神話，讓聖雄甘地的骨灰，灑在這高原的湖泊上。

　　其實沿路並沒有想像中的順利。我們錯過了許多原訂計畫拜訪的地點。我倆因為證件不齊，只差一座山頭，硬是被擋在亞東、多慶錯前的一個埡口；因為大雪封山，進不了普蘭、土林；因為油量不足，到不了阿里大北線的最大湖色林錯。

　　旅遊網站上說，即使冬天，成都、拉薩也都找得到國外背包客能湊車，一起上青藏高原，但沿路，我們湊不上旅伴，成本因此攀高。由於車上有了空位，反倒是遇上了許多車輛在荒原裡拋錨、翻車的藏人，我們成了救命便車的車主。

　　這些意外，都沒有阻止我們繼續向前冒險。我們學會在渺無人煙的荒原上，尋找生命裡的新養分，根生出人生的新角度。

　　對於這個世界屋脊的氣候、高原的恐懼，開始時，我倆幻想準備萬全的再做試探。從不認為自己準備充分，但走著走著，已

深入了蠻荒，回不了頭，踏進了零下 20 度的冰原裡。真正出了阿里，回頭看看，對於大自然，產生了更高的敬畏。再也不認為，跨越天候、荒原、流沙、冰原的障礙，誰能有真正充足的準備。

還記得開車的丹增師傅說：如果會死，到哪裡都會死。如果怕死，就沒有這麼多磕長頭的人了。

當再精密的推算，也不等於安全。人，就會敬天了。

回想起丹增看到了神山、聖湖，會肅然的敬畏，跪下身來，匍匐三磕。這個時候才能體會，藏人信仰何以如此虔誠。

他說，有一回，開車載著一對夫婦，兩個人看起來身體都很好。到了珠峰大本營，先生一說不舒服，高山症馬上就犯。很快的從缺氧、頭痛，到昏迷。半夜臉部出現了缺氧的紫斑。太太一直哭、一直哭著求我救他。最後在不斷的吸氧下，安全的救了回來。他們成了生死之交。

那一刻，是誰在判別生死？

當你突然知覺，生命非人所能操控，下一刻充滿未知時，你會嘗試著與自己和解；與家人、同事、朋友，與一生的追求，進行和解。那是一種釋放。

轉身一想，當你度得過零下 20 度的寒夜、過得了 5400 公尺埡口，跟著前車的輪跡，在荒漫高原裡，找得到地圖裡沒有畫出的海子。這不只是對人生劍拔弩張的釋放，而是這個地方，給了你新的啟發，這世界，再沒有你到不了的地方。這種釋放，讓旅行變成了一種心靈真正的自由。

生命突然變得寬闊起來，人生的不可能，變得可能起來。

今天，到了昌都，過了這個藏東大城，明天就要離開西藏，進入川西，再向南，將會走入另一個美麗世界。我倆找了一個露天的茶館，叫了甜茶，享受著暖和的太陽。

路旁是個熱鬧的市集，藏族的年輕人騎著拉風的摩托車停在路邊，一桌一桌在露天打撞球。

突然發現路邊有一家烤鴨店，我倆高興的看著那熱呼呼的燒鴨在架上滾著火，油滋滋地噴著香味。想起賴瑞和的《杜甫的五城》。

那是 9 年前，往舊金山矽谷的飛機上，台積電副董事長曾繁城推薦的書。賴瑞和式的旅遊，舊短衫、破包包、跳上火車、一壺白酒、半隻

燒鴨，品味旅行所帶來的驚喜，成為我人生的嚮往。

　　沒有想到，9 年後的今天，我背著破包，看到滑油的燒鴨，是在這
個藏區的山城裡。

　　夢想，……原來可以這麼輕易的實現。

　　只要你把手放開。

離開米堆村之前，老奶奶與女孩遠遠地對著我們微笑。

廁所

一隻大犛牛正站在茅房門口,
用兩顆大眼珠瞪著我,
而我早已蹲在坑上,進退維谷。

在拉薩，我們住的亞賓館不但備有空調、暖氣，廁所內有馬桶，還有電暖燈可以取暖，淋浴設備當然是少不了的。這些設備，似乎是一個旅館應有的配備才對。

　　事實上不然。

　　啟程的第一天，我們落腳拉孜。這是一個不小的城市，一進旅館，看起來衛生又乾淨，我們很滿意。開了房後，發現沒有空調，往好的地方想，它至少還是間套房，有淋浴，也有廁所。不過，旅館的服務員說，水管早就結冰了，沒有水了。半夜起床上廁所沒有暖氣，非常痛苦。

　　第二天到了藏區第二大城日喀則。我們選一個標準間住下。房間裡沒有衛浴、廁所。上廁所必須走到旅館的另一頭，即使在旅館裡，氣溫也已降到零度以下，半夜要通過伸手不見五指的暗黑長廊。想洗手，那刺骨的冰水，才沖個 2 秒鐘，整個手掌就開始刺痛、僵硬起來。

　　旅程才剛開始，日子還是得過。心裡祈禱著，希望明天會更好。

　　第三天，我們落腳新定日，準備明天要上珠穆朗瑪峰。進了旅店發現，前兩天，廁所只是從套房內移到長廊的另一端，至少還在建築物裡。在新定日，廁所從旅館裡硬生生地移到了戶外 20 公尺處，成為一個獨立茅房。過去幾天，還有抽水馬桶。從新定日起，馬桶已改成了一個長方形的土坑，得跨蹲如廁，還得避免掉到坑裡。

　　真是每天都有令你驚喜的進步啊！

在冬天的喜馬拉雅山半山腳下，晚上如廁，得從棉被裡爬出來、穿起雪衣，戴起保暖的帽子，穿起棉襪，再套上登山鞋，頭上得戴著頭燈，衝到旅館外的茅坑。等到你跑到了茅坑，得再把剛剛全部穿好的衣褲給脫了下來。吹吹喜馬拉雅山的冬日季風。

旅館外是零下十幾度的氣溫。傷腦筋的是，愈是冷，晚上起來尿尿次數就愈多。每次配備都得重新穿戴一次，再用小跑步去上廁所，等到回到床上，已被凍醒大半，再入睡，又得半個小時。

歷經了新定日的折磨，想必是沒有什麼可以再打擊我們了。

但一到聶拉木，我倆可就認清楚，這趟旅程的考驗，其實才剛剛開始。

新定日茅坑雖然移至戶外，但至少茅坑還有燈，是間屋子。

聶拉木的茅房，不但不在旅館裡，還得走過一條馬路，到對面的街上才行。

聶拉木這個小村子，是在一個很深的山谷裡。我們到的時候，是個沒有月色的雨夜，山谷裡特別黑，山裡半夜沒有一點聲音。走在路上，陰森森的。茅房沒燈也沒有門，茅房門口緊依在大馬路邊，毫無遮掩。

這村子的人去買個菜，經過茅房，鄰家大嬸在裡面上廁所，還可以停下來順便問問她，妳家大牛在不在家啊？想必這位大嬸也不會生氣。

還好，它也有人性化設計的一面。至少，屁股是朝大馬路這一面，臉是朝裡面的牆排解。屁股亮給別人看，不必如廁時還得頭朝外，面對別人。

唉，這廁所到底要我怎麼上呢？我只好自我安慰的說，還好這是半夜，整個村子都沒有人聲，也沒有人看，應該不打緊。環境再壞，也要

活下去。等我房裡整理好了，摸黑摸到了茅房去如廁，正享受著片刻的寧靜，不安的一回頭，沒看到隔壁大嬸，卻看到一隻大犛牛，站在茅房門口，亮晶晶的兩顆大眼瞪著。我早已蹲在坑上，進退維谷。犛牛頂著兩隻角，希望牠不嫌臭，若惹得牠不高興，朝我衝來，那可真是不得了啊！

下一站，我們到了帕羊。這已算是進了阿里無人區了。

當我們進了所謂的旅店，那其實只是一間漫漫沙地上的黃土房。看到了茅房，我倆不約而同哈哈大笑，笑到腰直不起來，笑到肚子都痛了，還停不下來。

帕羊的茅房，獨立在戶外，我們必須走過一片沙地才可到達。茅房不但沒有門，而且沒有天花板。邊上廁所，還可以邊看星星。清晨上廁所遠眺雪山、沙漠，再近看整個帕羊，好美。

終於知道，這就叫天人合一吧。

行程走到最後，再沒有適應不了的環境了。回想起來，有一個可以看星星的茅房可用，實在令人心存感激。

你可能沒聽說上廁所要測風向吧。在阿里，風，測不準，那麻煩可就大了。

在野外如廁，不一定能找到避風的坑。還好小時候學過。先吸一下手指，手指涼的那一面，就是風來的方向。這時候，再決定怎麼個蹲法。有時候風大，還得蹲著馬步，一步一步往前走，才能保全在疾風亂吹的情況下，萬無一失。

這景象還真是不好看。

在走了大半個青藏高原，發現茅房、土坑，才是真正貼近藏人的真

實生活。有一天，我們的旅程到了最後階段，進了雲南第一個村子奔子欄，服務員帶著我們看房，正介紹著設備時，馬丁喊著：快來看、快來看，這裡有抽水馬桶耶。威廉張著嘴發出讚嘆聲附和著：哇——！

兩個鄉巴佬進城了，連個抽水馬桶都讓人莫名的高興起來。

頭燈雖小，卻是必須的裝備！到登山用品店買個 LED 頭燈，一個只要台幣幾百元，卻幫助很大。

到了阿里，夜晚的小鎮，一片漆黑，晚上起床，上廁所要到對街的茅房，荒原上，可能有野生動物會攻擊你，有照明設備是必須的，不能只靠星光出門，被獒犬或野獸盯上，會有危險。手電筒拿在手上並不方便。頭燈是最好的選擇。

不少時候，馬丁睡沉了，威廉睡不著，就打開戴在頭上的頭燈，窩在被裡寫日記。清晨趕路，天還沒有亮就得起床，旅館連燈都沒有，整裝靠的都是頭燈照明。非常推薦去阿里的旅人，買一個頭燈，多帶兩顆電池在背包裡。

金沙江谷

躲進茶館裡喝茶，享受些許的孤獨與從容。
這一路，從山水間獲得的太多，
靜靜沉澱的時候，才能溫潤出味道。

傍晚 5 點，我在中國的西南角、接近緬甸的一個村落，坐在金沙江山谷裡的一家路邊野店，叫了一杯香片，寫著日記。

　　啜著香片的香氣，溫度近 5 度，太陽還夕照著，暖得好舒服。

　　抬頭看著前頭的雪山，太陽從側面西照進河谷，那江面金光瀲灩，金粉灑在染著深橙的河水上，撐篙的渡船悠然而過。真是夢裡的金沙江！

　　這個地方叫奔子欄，是四川跨過金沙江、進雲南的第一個入口村子。小村子對岸就是四川省，它位於兩個省的省界上，傍在江邊。再往西走，就往緬甸去了。沒有多遠，就是邊疆民族怒族的自治區。好美的地方。幽靜的山谷，那嵐飄進來，就停在山谷裡。

　　過去 10 天裡，路程匆匆，終於有一個下午，讓我們在這山谷底停留。坐在河邊的茶館，享受旅行真正的悠閒。回想一個星期前，我倆曾在北方數百公里外，在西藏的高原上，與金沙江上游短暫交會。當時，對抗著山谷湧上的寒氣，匆匆一瞥，只覺其平靜而清澈，神祕地在數百公尺下的山谷裡緩慢的游走。現在，看著大嬸蹲在路邊撿菜，我們則倒在椅上、曬著太陽。

　　這幾天，從高原一路盤山而下，景色已完全改觀。過去，一山過一山，一嶺翻一嶺。每一山嶺上下就是一、兩千公尺的落差，景色隨著海拔高度與天候，產生極大的變化。原本在阿里，是一望無際的荒原。在川藏交界的藏區裡，陡升的山谷，見松柏參天，沾著幾天前才下的細雪；山谷陡降後，谷底梯田逐漸展開，綠意出現。

　　原本沿途人煙稀少，但現在，在河谷沉積處，開始有一些小村莊出現，孩子跑在路邊看著旅人。過去，走在四、五千公尺的平坦高原上，

不疾不徐，現在卻在高山深谷裡上下，處處驚險。原本景色是藍天曠野，現已是南園綠地。

這條由西藏進雲南的滇藏線，是由川藏線拉一條支線南下。沿途景緻似乎早已預見由青藏回雲南的旅人，自大山處來，久不見這南園逸情，景色豐富，滋潤著旅人乾渴的心。

昨天，在鄉城的茶館裡，播放著台灣的流行歌曲。我靜坐在窗邊一角，不時抬頭望著對街那間台北小館。暖風薰得遊人醉，雖然還在藏區裡，卻提醒著我，離別將近。

今日，在金沙江岸，曬太陽，看落日，即使南園美景在身旁，想著離開，就不捨了起來。這幾天，特別喜歡在傍晚躲進茶館裡喝茶，享受著些許的孤獨與從容。這一路，從這山水間，拿得太多了！靜靜地沉澱，才能溫潤出味道。

路邊的店家門口有人烤著火爐取暖。這裡，不是已有那麼宜人的天氣了嗎？我們取笑店家，浪費柴火。店家說，不行、不行，太冷了。我倆不由得相視而笑。

年輕的旅店老闆說：多留個三天吧，他幫我們組個馬隊，一起騎進山裡去看湖。

下次吧！留下一些景，下次再回來。

向晚的金沙江。

弈子欄的田疇。

來到江邊，正好是日落時分。江水映著夕陽的餘暉，在我們的眼裡，這是名副其實的金沙江。

雀兒山歷險

一頭藏獒從背後撲上來，一口咬住馬丁的腿。

粗大的犬牙刺進膝蓋後頭，距離動脈只差了幾釐米，

鮮血汨汨地流出來⋯⋯

德格印經院的喇嘛知道我們要去甘孜，好心的催我們早點上路。雀兒山全線結冰，12 點以前，放行由西向東的車子；兩個小時之後，再放行由東向西的車子。減少會車，以降低滑落山谷的風險。

從德格到雀兒山腳下，60 公里路。司機一路快車，這次，我倆都沒有阻止他。

當我們趕到雀兒山山腳下，慶幸時間抓得真好，但一看，柵欄已經關了。師傅上前交涉。崗哨的交通員說，11 點就關了。要走，明天再來。

喇嘛明明說是 12 點才關柵，怎麼提早一個小時就關了。師傅好說歹說，求了半天，交通員就是不放行。師傅回到車上說：「你們是漢人，溝通看看，可能效果好一些。」

許多藏人告訴我們，藏漢其實處得非常不好。

我倆於是走進破落的「雀兒山交警支隊」辦公室，擠著笑臉、放低了身段，進去陪罪。開口就道歉著說：實在抱歉，德格印經院的喇嘛告訴我們，匣口 12 點關，我們一路趕來，還慶幸沒過了時間，可否請您通融一下，讓我們過去。

坐在房裡、低著頭看帳本、數著鈔票的「交通」主管，不硬不軟的回了一句：印經院的喇嘛？他告訴你們 12 點關匣門，那你就去請印經院的喇嘛來幫你們開匣。

我們漢人身分不但沒有派上用場，還挑起他對藏漢對立的不愉快。

我倆收斂起脾氣，婉言道歉。在這山腳下，前不著村、後不著店，放眼一片雪地，官與強盜一樣難以理喻。辦公室裡的四男一女，沒人瞧我們一眼。原本在外頭，坐在挖土機裡的駕駛走了進來，聽了一會我們

的對話，火上加油，瞪著眼對著我們大罵：「我們得聽喇嘛的嗎？你們倆講得是什麼話？」接下來不斷數落我們的不是。我們委言解釋，都沒有用。最後，這個駕駛丟下一句話：「要開柵可以，500。」轉身就走出去。

好，露了餡了。我倆對看一眼，沒說話。想想，我們每晚省著睡一床 20 到 30 元的破落旅舍，現在你們官大爺一開口就跟百姓要 500。

那個主事的交通戴了個極厚的眼鏡，眼睛就是不往我們身上瞧一眼。對於同伴喊出 500 元的價位，也不吭一聲。

好一齣雙簧啊！

不一會，外面有車子的聲音。我們有了夥伴，來了一輛小發財車，也要進雀兒山。兩個藏人下了車，一進門，輕輕地、熟練地坐到這戴眼鏡的交通旁，打躬作揖，壓低了聲調，報了他們熟悉的武警、公安。不一會，這位「交通」大人粗聲地宣判：小發財車放行，我們乘座的吉普車留下。為了讓我們服氣，他再次嚴厲的告誡我們：叫喇嘛來給你們開匣。

威廉脾氣好，再進到屋裡，試圖說說理、講講好話。或者，想再探探有沒有什麼「補救」的方法？如果這些人就是想海撈一票，也喊個較合理的價錢吧。

咱們的司機看到後來的車反而放行了，跑進來問情況。我們拉他到門外，講了個原委，沒有想到司機反倒罵起自己人，斥責說：「你們兩個是怎麼搞的，溝通到後來的車放行，我們還走不了。你們到底怎麼談的，幹嘛說到喇嘛頭上，惹火這交通。」

他愈罵愈起勁：「到這裡，誰和你講理，碰到官，只能用求的。想

說你們是漢人，自己人好講話，沒有想到愈說愈糟！真是的！」

這個時候，真是讓人火了。你老師的。剛剛受完這死交通的氣，你還講這種不是人說的話，氣著頂回去：「你說這個有什麼用。」

這師傅為什麼這麼氣呢？是因為德格到雀兒山，我們雖然包他吃住，但油費算在包車費裡，他必須負責。如果再回德格，我們沒有付這段折返的車錢，他就要多付這一百多公里的油錢。

唉，還不都是為了錢。

師傅再度上場溝通，原本教訓我們的口氣，一進門，馬上像怒江入了大海一樣。「實在對不起～～就求求你，希望你今天能放行。」我倆站在外面，直搖頭。但沒有錢，這交通完全不為所動。

這時候，房裡的一位小哥往外走。馬丁跟了上去，問小哥說，可不可以繳錢算是罰款。小哥小聲但明確的說：「可以。」馬丁又接著問：「100可不可以。」小哥說：「200。」

就在達成交易的同時，一隻藏獒竟然從背後撲上馬丁，一口咬住了馬丁的膝蓋後側，兩側犬牙就夾起一塊肉，若不是馬丁當天棉褲穿得夠厚，必定被他咬下一大口大腿肉。

對於藏獒，可絕對不能輕慢。路上就聽說，很多背包客，甚至藏人被獒犬咬死的例子。我們開車的師傅家裡原本養了兩隻藏獒，等到幼犬一長大，就把第二隻趕緊送人。他說，家裡不能養兩隻，否則客人來，你無法同時拉住兩隻藏獒。獒犬只要看到生人，主人即使嚇阻，也會撲上去咬人。兩隻獒犬可以輕易地把人咬死。

馬丁被咬了一口，不得不積極防衛，轉身就對要再次撲上來的藏獒又打又踢，力戰獒犬。用另一隻未受傷的腳試著踢退牠，再拿起地上的

木頭，見到藏獒一向前，就往牠身上掃去。藏獒雖然退到兩步之外，對馬丁的狂吠一直不放鬆。

馬丁拉起棉褲一看，傷口就在大腿後側的動脈旁，汩汩的已血流如注。

戰退了獒犬後，馬丁想進房去通報大家一聲，放行的價碼是 200 元。這應該是可接受的範圍。一進門，主事交通看著馬丁拉起褲管的大腿，被藏獒咬得血流如注，語氣變軟。聽到我們是「台胞」後，找到了下台階，怪我們怎麼不早說，而且馬上轉了個笑臉說：「台胞嘛，就是要給優待嘛！但下次不要再提喇嘛了。」他就像是周星馳主演的《鹿鼎記》中那「海大富變笑臉」的一段雷同，臉變得實在太快了。

雀兒山的山路真是險，威廉一邊幫馬丁止血上藥，車子也上了雀兒山。在爬山這一面雀兒山，是背陽山陰，因此都是冰封的路面，車子不時的左滑、右滑，甚是驚險。司機相當有把握，一路快車，身旁就是萬丈深淵。

這山路險歸險，比起複雜的人性，終究是要痛快多了。

一路趕到晚上七點，才到甘孜，天已經黑了。甘孜的路上沒有路燈。由於路上結冰，我們不敢走遠，就在旅館旁一家只有三張小桌的重慶麵店點了晚餐。

老闆是對雲南來的年輕夫妻，生意不好，巴結得很。早上求人時，身段極低的司機，這個時候對老闆大呼小叫，口氣很差。他一坐下，皺著臉罵道：「老闆，茶啊。」一會兒，他點的餃子上來了，馬上對老闆喝斥說：「你這水餃怎麼煮的，餃子用大碗盆裝，碗裡還有這麼多水。先把水給倒掉。唉，搞什麼啊！」

老闆連聲說是，倒了水，馬上再端上來。這師傅吃一口水餃，碗再向外一推，大吼著：「老闆，你來，把這碗裡的水全給我倒光，另外再用一個碗裝上餃子湯。餃子怎麼這樣做？」老闆笑臉沒改，連連稱是。

這師傅還不滿意，也不管夫妻倆聽不聽得見。又開始發議論：「餃子、麵，就東北人的館子才行。重慶、四川人炒菜可以，餃子不行。」

今晚，這小館子裡，三張小桌子，就一桌客人，店家夫婦在旁勤快的伺候著。你又何必？

是怎麼樣的社會，訓練出來的百姓，如此變了調。如果壓得住人，不論身分是官是民，對人絕對不假辭色；若是見到官，馬上得屈膝求人。

對照起一路上磕長頭的藏人，良善的一面到哪裡去了？

一個西藏，兩種面孔。

然而，在嫌惡這種面孔的同時，自己也在回想，什麼時候，自己曾經露出這種仗勢凌人的嘴臉？

我們的社會，又已變成了什麼樣？

雀兒山口立著石碑，上面寫著「川藏第一高、川藏第一險」。回頭看著上山的冰雪路，心裡確實忐忑。

從雀兒山口往西眺望

藥品

我們被藏獒咬時，前不著村、後不著店，還得趕路。因此，備妥內、外用藥應急，相當重要。

我們帶了每天一顆綜合維他命與維他命 C，增強體力。旅行的頭 20 天，我們每天都吃紅景天或高原胺，以對抗高原反應。這兩種藥品，價格不便宜。最好到之前的兩、三天就開始吃。

我們帶了紗布、優碘、防水膠布等一套的外用藥包；內用藥，則買了 10 天份的抗生素、感冒藥，以及日本的腸胃散。

一路上 47 天，有一半以上的時間，喉嚨是痛的。鼻子也常擤出血。因此，備好藥品，在冬天，有極大的安撫作用。拉薩、日喀則有非常多的藥品店，有缺什麼，在這兩大城要補給完成。

護唇膏一天需要擦三至五次，否則嘴唇一定會裂。由於乾燥，皮膚會癢，帶一瓶厚的乳液，每天擦，可以避免身體抗議。

康巴有強梁？

飯店二樓的樓梯口，居然設了一道像看守所似的鐵柵欄，
只開了個小口供客人進出。但師傅依舊不放心，
晚上入睡之前，還得搬來一個矮櫃子頂住房門。

這一路，我們用了兩個司機。第一個師傅是拉薩人，路上提醒我
們，西藏東部的康巴區，民風強悍，走川藏線，一定要小心。

我們不以為意，這種地域意識與偏見，到處都有。

第二位師傅，自己就是康巴人。連他都告訴我們，幾年來，藏區幾
個大刑事案件，都是康巴藏人幹的，要我們在康巴得處處小心。這聽起
來，可讓人馬虎不得。

我們一到康巴地區首府昌都，神經馬上緊繃起來。沒想到在這兒遇
見了我們在拉薩面談、但不願採用的司機，他看到我們的開車師傅，責

備我們的師傅搶生意，兩個康巴人，就在大馬路上吵了起來。他用難聽的字眼罵我們師傅，我們師傅也不甘示弱。

旅遊書上常指出，昌都是入藏最常被刁難的地區。

我們在昌都住進了旅館，旅館的櫃台馬上就通知「外事公安」，說著要來查證件。昌都是我們在西藏的最後一站，一行來，我們都沒碰到這種狀況，要離開藏區，反而遇上。想想，如果沒有辦入藏證就由川藏公路入藏，進了昌都，可能馬上就被逮到了，或者得付錢了事才行。

離開昌都，進了四川的德格，這是康巴區域的另一個大城，氣氛照樣詭異。我們選了一個規模不小的飯店入住。飯店二樓的樓梯口竟然設了一座完全可以封死樓梯的鐵柵欄，柵欄拉高頂到天花板，下面只開了一個小門供旅客進出。這道門若是鎖起來，誰也無法進出旅館的二、三樓。

我們問起設這柵欄原因，服務員有禮地說，晚上 11 點後，鐵門關了比較安全。房間的門非常老舊，雖然有內鎖，但似乎不太牢靠，用力一推，門就可以推開。晚上要睡的時候，師傅不放心，用矮櫃子頂住了門，才安穩的睡。

這氣氛搞得像是隨時可能被打家劫舍一般。半夜上廁所，得穿越一個幽暗的長廊，每走一回，都令人膽戰心驚。

康巴強悍的民風背後，蘊育出不同的文化風貌。他們善於對外征戰，在對外拓展中，養成了經商的性格。有了經濟基礎，康巴地區進一步躍升成為整個藏區的文化中心。德格印經院首建於 1729 年，版畫、經書、經板極為豐富，單單傳世經板就有二十多萬塊。史詩《薩格爾王朝》更成為中外知名的鉅著。

許多史書都記載，康巴人直率、恩怨分明、驍勇善戰、崇尚騎馬英雄，歌舞藝術也為人稱道，因此，康巴的賽馬節、藝術節特別好看。這裡的女人與漢子，多是敢愛敢恨，若被康巴女人愛上，聽說那是一生一世的幸福。著名的康定情歌，唱的就是這一帶的愛情故事。

為了探訪這個極具特色的好地方。我倆在德格，一早就起床。然而，清晨的氣溫在零下 5 度左右，手一拉出手套外面，馬上就被凍痛了。

即使這麼冷的天氣裡，我們一到德格印經院，就看到轉寺的人流已將整個印經院圍得滿滿的。在藏區，看過這麼多寺廟，德格印經院的人潮，只有大昭寺的轉經人潮可以相比。

印經院沒有一定開院的時間，我們早到了半個小時，這寒風料峭的冬季，連印經的工人也各自回鄉去了。一個好心的喇嘛看到我們來訪，幫忙找來看守員開門。這個季節，通常沒有旅客，只有藏族膜拜的信徒。留下院裡幾千片、各擁數百年歷史的印版。印經院是不開燈的，清晨的陽光斜照進來，整個印經院的古樸，透出了味道。

印經院的屋頂能俯瞰這個山城德格。一樓的大護法殿內不能開燈，一片漆黑。供奉的十八羅漢一排一排端坐在森冷的暗處，管理員拿手電筒領著我們，幫我們對著每一個角落逐步的照著，我們和摸黑朝拜的藏族人們摩肩擦踵，一步一步看著這近三百年的印經院。

我們走進印經院二樓的藏經館，這兒有數百年的經文板，藏經非常豐富，從醫學、天文、佛典、詩歌，到律曆等等，一條一條經板就裸露在你面前，橫立在開放式的架台上，有些經板甚至是印度文、巴基斯坦文與藏文三文一體，即使在印度與巴基斯坦都已失傳的傳教經典，許多

在德格經院都還找得到。

德格也是藏族傳說的英雄人物薩格爾的故鄉。《薩格爾王朝》這部史詩，在西元七至九世紀間成形，總計一百二十餘部，一百多萬行詩，兩千多萬字，是世界上最長的史詩。比起世界幾部著名的史詩如《伊里亞德》、印度的《摩訶婆羅達》都還長，成為藏族珍貴的史料，已被聯合國教科文組織列為「非物質文化遺產」。

這裡實在令人驚豔，在這高山深谷裡，能用傳說，記錄世界最偉大的史詩。

除了豐厚的文化外，康巴地區山水極為險峻。昌都是瀾滄江發源的第一個城市。兩條青藏高原流下的昂曲（河）與札曲（河），在昌都匯流之後，就稱為瀾滄江。「川藏遊，一日過三江，一日遊四季」，就是指康巴、甘孜地區的山區，有極為驚險的地形。一日之內，海拔落差可以近 3000 公尺，享受了四季不同的氣溫與景緻。著名的 108 拐山險，以及「川藏第一高、川藏第一險」的雀兒山，都在這裡。

我倆在往昌都的路上第一次遇到瀾滄江，那是在數百公尺的崖壁上，要走到非常接近崖邊，向下俯視，才看得到江水，顯見山壁陡峭的程度，以及山谷之深。我向下看，雙手必須緊抱著路邊的路樁，眼睛才敢向下俯視。一是山谷吹來的風實在太大，讓人站立不穩，一是河谷實在太高太陡峭了，站在山壁邊，兩腳發軟，逞不了英雄。

在德格的傍晚，我們走在路上，遇到一個日本年輕女生，約二十來歲。她很高興和我們聊著。她說，她不會中文，但已在康巴地區旅行了三個月。看得出來，那被曬皺的臉，以及閃閃發亮的眼神，說明她的戰績。深度旅遊的人，通常會看見那疲憊裡，眼神透著晶光。而康巴區

域，真要玩上三個月，不是問題。

威廉說，前次走一趟川北、甘肅、新疆，今年來青藏高原，看到很多、很多背著背包、長途旅行的日本人、韓國人，對於深度旅遊，有高度的熱忱，即使英文不好，也勇於嘗試。

這個年輕女子，不但是中文不好，即使英文，也僅能勉強溝通，她卻能勇敢的嘗試，跨進這個豐富的康巴區域，一來就能停留三個月。從她的身上，看見的是一種旅人的質感與厚度。

德格印經院裡，陳列著的百年佛經木刻板。

千手千眼觀音塑像局部，塔公寺。

在一生一世的長度裡

從人間來，終究也要回到那人間去

但從此以後，有一片壯麗無垠的山水

我曾見過，也烙在心裡

即使只是一生一世的長度

或許也就可以無憾了

高原以東
雲之南

抵達德欽之前，可以眺望梅里等一脈雪山的壯闊全景。

奔子欄往德欽路上。

梅里雪山主峰。下方的聚落為飛來寺,與雪山之間
還隔著深峭的瀾滄江河谷。

從上方俯瞰，冰川的裂口特寫。

明永冰川

她 16 歲，一輩子只去過鄰村一次，
相對於她的人生，覺得自己的奢侈。
我看著前面拉騾子的藏族女孩，頓時快意全消。

早上，我們在金沙江邊，一路由標高 2900 的奔子欄，翻過 4290 公尺的白馬雪山，就要到德欽了。

　　山路邊的藏式田園，依山而建，嫩綠色的梯田有高聳的雪峰做背景，美得像童話世界。從奔子欄上山以來，都是這樣。

　　越過山口不久，梅里雪山就那麼磅礡大氣地映入眼簾。雖然說立足點不太公平，但仍得說，這是一路上最讓人感受到神山氣勢的雪山。最高的卡瓦博格峰，一共有五座雪峰遙遙隔著瀾滄江，巍然並列。那峰頂，總是有那輕嵐飄繞不去。好像是下著雪，又像是雲。師傅說，那是因為山頂的風大，將終年積雪不退的山頂雪花吹起，才會有雪嵐圍著山頂。

　　先到德欽，買了第二天中午開往香格里拉（中甸）的車票，再準備前去挑戰明永冰川。

　　德欽位於瀾滄江山腰上，這是雲南連接滇藏公路最西北的第一座縣城。在雲南西北，這是一個突出，像是奶嘴的窄小區域，但金沙江、瀾滄江與怒江，由北而南，並行而下，就是所謂的中外知名的三江併流之處。

　　瀾滄江峽谷是中國的四大峽谷之一。走在劈山而建的山道柏油路上，非常恐怖。峽谷江面的海拔只有 2006 公尺，左岸的梅里雪山卡瓦格博峰海拔高達 6740 公尺，右岸的白馬雪山紮拉雀尼峰也高達 5640 公尺，峽谷的最大高差達 4734 公尺，而兩個山坡的坡面距離僅 14 公里。峽谷陡峭深邃。

　　我們從德欽，開車近兩個小時，才由飛來寺下到近 2000 公尺瀾滄江河底，再從河谷，爬升一段去探訪明永冰川。當回程時，天色已黑，

沿路沒有一盞路燈，在高山崖壁的路上飛車，只靠著微弱的星光，引領著夜路。這峽谷的柏油路，就架在山壁上行，路邊連防撞桿也沒有。峽谷之深，望之生畏。

過去，由於江面過窄，水流過急，以溜索過橋，危險性很高。此地因而有溜筒鑰匙之稱。至今，人馬財物墜河，也時有所聞。這個區塊也是重要的自然保護區之一，國際上眾所周知的金絲猴的活動範圍，就在這個區塊。

去看明永冰川，除了步行以外、騎騾子是另一的選擇。上山索價100元，下山只要20元；一個有點年紀的藏族大叔，和一個16歲的小女孩，牽著兩頭騾子，帶著我們上山。騾背上是兩個瘋瘋癲癲的中年男子。

在山路上被嚇破膽的馬丁，在騾背上顯然安心的多。「在那遙遠的地方，有位好姑娘。」馬丁第一次騎騾子，晃晃悠悠地放聲唱起歌來。

沒想到馬丁的臭騾子望風放屁，還邊走邊拉屎，騎在後面的威廉忍不住捏著鼻子，哈哈大笑。

騎在明永冰川的山道上，我們在樹林子裡穿梭，不一會，我倆和大叔、小妹子聊起天來。黝黑的她問我們打哪兒來？我們說，今早，從奔子欄開車上來。她說，奔子欄，小時候去過一次。

我心裡想，不過是5個小時車程的鄰村，怎麼只去過一次。

我們說，我們去了西藏，從拉薩一路來到這。她說，拉薩，那是她作夢都會夢到的地方。想去，太貴了，沒有辦法去。她說，離開村子的機會都不多。

夏天的旺季，她一天可以拉騾子上冰川一次，冬天裡，她5天才能

輪到一次。

　　坐在馬上的我不安起來。相對於別人的人生。我坐在騾上，看著前頭拉著騾子的 16 歲藏族女孩，快意全消。突然覺得，這一行雖然節省，但怎麼說，不論是物質上與精神上，都是多麼的奢侈。

　　逼近冰川，我們沉默下來。

　　懾人的冰川！被上游千萬噸冰層所擠壓出來的景象，非常原始。破冰而出的冰柱，每一條都像一把利劍，穿越冰層射出，在半空中嘎然而止。那千軍萬馬、鉅力萬鈞的氣勢，似乎整條冰川原本是動態的，卻凝結在千萬分之一秒，形成前爆沖而下，卻於瞬間凍結。原始得像創世紀。

　　從遠處看，那梅里雪山是高大聖潔的。當你接近它，在冰川下仰望，雪，從山頂被強風颳下來，底下的冰河原始銳利，愈是接近冰川，愈感覺森冷難近，抬頭已不見藍天。

　　幾位零星的遊客向我們揮手，太陽下山了，他們先下山去了。天津的、成都的、上海的。

　　終於，又只剩下我們兩個人。天陰得有點寒了。

　　壯麗而懾人的明永冰川！再會了。

　　再會了，拉騾的 16 歲小妹，希望你能夠早日圓夢，到你、我夢裡的故鄉。

步上觀景台的最頂端，磅礴而下的冰川展現懾人的氣勢。

細雪紛飛的冰川谷，彷
彿有水墨畫的筆觸。

梅里雪山

終究沒有看見傳說中的日出金光，心裡卻沒有遺憾。
拿出一路上帶著，要在最後一站慶祝的雪茄，
兩個人微笑著給對方點上。

　　早上，我們在金沙江邊，一路由標高 2900 公尺的奔子欄，翻過
4290 公尺的白馬雪山，就要到德欽了。

　　山路邊的藏式田園，依山而建，嫩綠色的梯田有高聳的雪峰做背
景，美得像童話世界。從奔子欄上山以來，都是這樣。

　　越過山口不久，梅里雪山就那麼磅礴大氣地映入眼簾。雖然說立足
點不太公平，但仍得說，這是一路上最讓人感受到神山氣勢的雪山。最
高的卡瓦博格峰，一共有五座雪峰遙遙隔著瀾滄江，巍然並列。那峰
頂，

　　為了去梅里雪山，我們的車從川藏線轉進了雲南滇藏線，又往西北

走，一路爬山，從暖暖的山谷裡，爬進冰雪不化的雪山群峰。

梅里雪山是藏傳佛教的神山聖地。每年秋冬，千里而來朝拜、跪磕長頭的轉山藏民，布滿山區沿途道路。不像神山岡仁波齊峰（6638m）是一座孤峰。梅里雪山是由 13 座雪山相連而成。

這是一座充滿傳奇色彩的雪山。過去幾十年來，包括英、美、日、中的登山隊，曾經五次攀爬，試圖登頂，沒有一次成功。日本在九〇年代向中國政府取得梅里雪山的 5 年世界登峰優先權。1991 年由日方主導，盛大的組織了中日登山隊，但攻頂的 17 人卻遭到雪崩活埋，成為中日登山史上重大的挫敗。7 年後，這批成員的屍首才在冰層中逐漸由下層浮出表面，被當地的藏民於放牧時發現。

至今，從來沒有人登上過梅里雪山主峰卡瓦格博峰！

藏人告訴我，這是神山，不能爬的，可以在半山上轉山，表達對神山的崇敬。爬在神山頂上，是褻瀆神明。因此，想要攀爬神山，不但不會受到藏人的祝福，反而會受到詛咒。

這是個一生必須來一次的地方。國家地理雜誌的評選中，梅里雪山是中國十大群山，排名第四。上梅里雪山的途中，你會經過怒江大峽谷、瀾滄江大峽谷，這是中國十大峽谷中，排名第四、第五名的勝景。白馬雪山的高山杜鵑林，也是中國排名第四的林區。一年之中，若氣候配合得宜，到飛來寺看日出，可以看到梅里雪山綿延十三峰、終年積雪的山頂，被染成一片金黃。

這是計畫行程的最後一站，明早，師傅就要把我們在公交車站放生。

晚上，夜已深了，車才從深谷裡爬上了 4000 公尺以上的飛來寺。

找好旅館，忙著填飽肚子。我們一路來，住的旅館幾乎都沒有旅客。今晚，遊客有好幾桌，是少見的景況，顯得特別熱鬧。

晚餐過後，電視上播送著中日登山隊挑戰卡瓦博格峰、17 人全數罹難的紀錄片。原本吵雜的旅店飯廳裡頓時安靜下來。包括我們在內，所有用餐的客人全都看得出神。對這充滿神祕的梅里雪山，更添幾分崇敬。

威廉從口袋裡拿出一路帶著、要在最後一站點火慶祝的雪茄。哈，離別前，沒有激情，我們笑著抽著雪茄。

威廉告訴馬丁：沒有看到雪，決定不和你回去了。

說不定，今晚就是兩人同行的最後一晚。惆悵頓時溢滿了起來。迷離的景緻，還沒有沉澱，就要離別了。

威廉端起白酒說：敬你一杯。馬丁，回台北之後，咱們再好好的大醉一場。

其他的遊客知道我們是一路從青藏、阿里轉過來看梅里雪山，歷經了四十餘天的旅行，飯館裡突然熱鬧起來，一批批的遊客拿著白酒，跑來跟我們敬酒。問著阿里、西藏的狀況。

威廉說，他想靜一靜，再待一個月吧。

到底會在中甸香格里拉，或是到緬甸邊界的西雙版納停下來。威廉還沒有決定。隨緣吧。想找一個小寨、小山谷。只要一間農戶，能包一個土房、一天兩餐，每天早上推開木窗，讓山嵐飄進來，聞得到草的香味，發著呆，就夠了。

我們到吉普車上，拿下所有的家當整理。拍下留了近兩個月的鬍子，與被風吹皺的臉。

　　整理行李的時候，才發現一路上最資深的裝備，居然是一只大飼料袋，在拉薩，被小女生訕笑的那一只。

　　竟然捨不得丟，決定要繼續帶著。這大布袋，可以帶著登機嗎？

　　調了一早 7 點鐘的鬧鈴，不知怎地，一夜難眠。

　　清晨 7 點鐘不到，飛來寺旁的這個招待所就動起來了。所有投宿的遊人，都不想錯過梅里雪山日出時，那著名的金光。都說日出前的氣溫最低，雙手一下子就證實了這個說法。從手套裡拿出來，不到 10 秒鐘就凍住了。

　　上海的、香港的，各路遊客哆嗦地站在山邊等待第一道光，但終究沒見到傳說中山頂的金色光芒，旅店一位大媽安慰我們，一年當中，平均只有二十多天能夠得見。

回到德欽，這才早上 9 點鐘左右。揮別了第二位開車師傅尊珠，這才想起，一路上完全沒有拍下他的照片。

9 點半，兩人已搭上往香格里拉的班車，迎向旅程最後的精彩。

飼料袋

在拉薩，開車師傅特別領著我們去買裝飼料用的大布袋，一只人民幣兩塊錢。大布袋其貌不揚，但套句台灣人的話，簡直是「俗擱有力」，師傅把我們一路上的乾糧、飲水、藥品通通往裡面塞，十幾二十公斤的重量都耐受的住，而且隨便把袋口一捲、直接上肩扛了就走，一點都不拖泥帶水，任意往地上一丟，弄髒了也不掛心。

路上偶遇的小女生笑著說，從沒見過有人背著飼料袋四處旅行的，這女生顯然並不了解，我們背著它時、心裡總會升起一股男子氣概。最重要的是，飼料袋真的方便、好用，這只袋子足足跟了我們 8000 公里路，一直到上飛機回台北前，心裡還想著能不能背著它登機。

不開玩笑。除了頭燈以外，飼料袋是我們另一項重點推薦的自助旅行裝備。

春雪逐客

回程的路上，兩個人的心裡，都有所思。

突然，馬丁從巴士後頭跑上前去，

搖著威廉的肩膀說：下雪了！

我們在德欽和開車師傅分手，上了公交車，往香格里拉方向前進。還來不及仔細回頭看，還想細細品味，往台北的回程路，卻已經開始。

一會兒，一個婦人攜一女，帶著兩隻活藏雞上車。一會兒，兩個壯年人，帶著兩隻剛出生的小藏獒上了車，還有兩個老外。車上好不熱鬧。

車子開離德欽，就立刻讓人覺得不妙。我們的巴士，在河谷、群山間快速的在下坡路上奔走，這司機技術與速度可絲毫不輸我們吉普車師傅。每一個轉彎，都在山峰邊緣險象環生。

公車高度比起吉普車高，這司機許多轉彎不剎車、俯衝不減速，這也罷了，青藏內陸，即使再危險的山，甚至是國道，山路外緣幾乎都未設防撞桿，赤裸裸的懸崖、河谷，就在車輪下面。

真想到前面和司機拜兩拜，請他行行好，拜託、拜託，開慢一點可不可以。家中還有老小。

巴士經過奔子欄，再向麗江開，約六、七個小時才能到。但車開了1個小時，約11點左右，我就想上廁所了。正愁不知道如何是好，還好一個藏族壯漢跑上前去和司機說，他想上廁所。過一會，司機將車停在路邊，在荒郊野外，車上約有六成的人陸續下車，男男女女各找掩體。

車開了三個半小時，接近下午1點了，到了奔子欄鎮上，正好是吃飯時間，但車子穿過奔子欄，並沒有停下來，一路繼續開，直到開過了村子後一會兒，路邊出現了一家飯館，車子才停了下來。這附近，沒有住家，就這麼一家館子，在這麼短的停車時間裡，你也走不回鎮上，去不了任何其他地方吃飯。餐廳老闆巴結的招呼巴士司機進了「貴賓室」的大位，出來洗車。

旅人則識趣的進去看看餐廳有什麼吃的。餐館老闆早就算準了時間，炒好了四道菜，放在鐵盆裡，客人可選三種，一個價。

威廉說，這是大陸長途巴士的習慣，司機可以決定在哪裡停車吃飯，通常都會停在荒郊野外前不著村、後不著店的地方，讓你只能在這個地方吃東西。老闆有得賺，司機就有得抽，或是可享有尊榮的待遇。如果價格合理，口味合得來，那還好。有的非常貴，又難吃，又沒得挑，那可就累人了。下回走長途巴士，得自己帶點吃的才好。否則一趟下來，四、五個日夜，那可不得了。

午餐過後，我們立即啟程，司機並沒有耽誤時間。延著河谷行走，至少不是像早上由山頂往下看，光縱谷就有五、六百公尺深。司機沿河谷開，雖然轉彎也照樣不減速，掉下去照樣掛點無誤，但至少向下看，沒這麼可怕。

在冬天，香格里拉並沒有讓人驚喜的顏色。我們在層巒疊峰的中甸區域中疾駛，視野開闊，但察覺不出香格里拉的名氣為何如此之大。除了三月到六月間平野上綠草如茵，究竟有什麼對得起這樣的名號？總覺得不過是林相密了些，那帕海在冬天也只是枯黃草間的一泓淺水。

到了縣城，更覺得萬分失落。我倆都不想留在這香格里拉，兩人立刻決定直奔麗江，一刻也沒有多留。即使再疲憊，訂了一個小時後的巴士，馬上就走。

第二段由中甸到麗江的路，四個多小時，更是辛苦了。

車上的人，都是疲憊、趕著夜路的旅人。車子啟程半小時，下起雨來。天愈來愈冷，雨愈下愈大。威廉坐在前排看書，馬丁坐在倒數第二排聽MP3。

「昔我往矣，楊柳絮絮；今我來思，雨雪霏霏。」回程的路，大家心裡，都有事。

車，一直走在山谷裡的沖積平原上，右方的山頂上還是積雪很深的雪山。看到眼前烏雲密布，想想，這若是在阿里，早已是大雪紛飛。威廉說，他還沒有流浪夠，他沒有看到雪，還不想回家。

馬丁知道，或許哪一個村子，威廉喜歡，他就會下車繼續他的旅行，他還留戀著，捨不得走。

突然，坐在倒數第二排的馬丁，跑上前去，搖著坐在椅上的威廉肩膀說：下雪了！

全程等著雪的威廉，抬起頭來瞪著馬丁，左轉看看窗外，看不太出來是雨還是雪，再回頭瞪著馬丁，臉上的表情一副是「如果你亂開玩笑，給老子試試看」的表情。

這實在令人不敢相信，在青藏高原上一個多月見不到的雪景，如今卻落在這裡，落在香格里拉。

「當雪花落在我的肩頭，就是決意回家的時候。」威廉幾天前於新都橋，在日記裡寫下這句話。

但怎麼會是在這遠離高原、綠意盎然的地方？

馬丁說，到後面來，開窗就讓你看個清楚。

打開車窗伸出手去，威廉的衣袖，一下子就積起薄薄一層白雪。

一會兒，威廉點起煙，他說：不行，雪這種下法，不夠，不算。

馬丁笑著說：君子重然諾，怎麼可以說話不算話。

威廉：也不是說話不算話。喂！你幹嘛一定要我跟你一起回去！

馬丁：想一個人多留幾個禮拜，自己在這裡爽，不行！

威廉：好啊！玩不夠，就一起留下來啊！

馬丁：好，好，好，我卒仔，要回家，不勉強。雪下了就回家。這話是你說的。我只是提醒，君子重然諾是孔子說的！

威廉：哇哭，孔子都搬出來了！

一咬牙，威廉沒有再理會馬丁的糾纏。

隨著山轉，兩人又陷入了自己的情緒裡。

巴士繼續前進，怔怔地望著窗外，漸漸地下到山腳，雪停了，變成絲絲細雨，天色也全暗了。這雨夜，山谷裡，好黑，滿布著烏雲。車走在霧裡，雨水不時的打在窗上。車燈在彎路上掃著，偶爾光線掃到路邊幾戶人家，全部都是緊閉著門戶，沒有一戶點著燈。山，陰森起來。

車子很老舊，雨從窗縫裡湧進來，一會兒，車頂上開始漏水。遊客抱怨，卻只能繼續趕路。

不知昏睡了多久，醒來後發現，左側遠方出現了黃色的昏光，在深黑的夜裡露了臉。看到麗江的夜了。早上 8 點由飛來寺出發，終於在 13 個小時後，到了麗江。

多麼繁華的一座城市啊。我想起帕羊、想起阿里，想起在高原上、一路經過的一個個寂寥小城。

手機再收到氣象簡訊，麗江今日氣溫：攝氏 0 度到 9 度。雖然氣溫已不再是負數，但，難道這麗江古城，也要下起雪來了？

麗江四方街夜色。

皓白麗江

雪，落在古樸的屋瓦上，

落在石板路上，落在我攤開的掌上，落在錯愕的眼底。

愈下愈大，直到如同鵝毛漫天飛舞，朦朧了視線。

完全沒有規劃，夜半，就進了麗江。住哪兒？

巴士前座有 3 個港澳來的小朋友，討論著他們已訂好的旅店。我倆打定主意跟著他們了。一起搭上一台小發財車，進了石板路的麗江古城。

我們對古城，沒有期待。在成都，看了古城「錦里」，全新打造，漆得閃閃發亮，沒了意思。

當師傅說「到了」，我們付了錢下車。不敢相信自己的眼睛，張著嘴四處望著。車旁，是一個寬約兩公尺半的清澈小溪，溪裡的魚動也不動的睡著。連接青年旅館外門的，是一座江南園林式的拱橋。我們背起背包，悠悠的踏上去。推開近 4 尺高的廟式木門，走進一條夾在兩間灰藍斜瓦的中式老宅之間的小巷。

天，下著細細的小雨，一點也不擾人。巷底有一盞昏黃的古燈，光線在雨霧裡暈散開來。石板道上的兩側是一盆挨著一盆、膝般高的造景盆栽。半掩的古門，落在巷底左側，我們推開了門，走進最後的矮巷，「青年旅館」到了。

這看似大宅的偏院，少說也有百年了。

我們輕喊：「有人在嗎？」

看著這四合院，中庭的天井，不大，10 公尺平方，兩層樓，只有 10 間房。灰黑的瓦頂，蓋著朱紅古木搭起的兩層宅院。處處是斑駁落漆，見著古意。房裡，該有的浴室、熱水、馬桶，都有。50 元一晚。真是便宜。

多有味道的旅社，頓時讓成都的龍堂也為之失色。記憶中，沒有什麼地方的旅店可以與此相比擬。

威廉說，這就是該留下來的地方。當晚，見著老闆就問，住一個月多少錢？現在是淡季吧？旺季是多少錢？過農曆年是否比較貴？哪管孔子說什麼「君子重然諾」，看到雪就回家這檔事。

　　這旅社的老闆是福建人，在香格里拉到麗江的路上，居然跟我們同車。老闆說，往古城裡，夜半都還有些吃的。我們餓了。就往古城裡走。

　　原來我們住在古城悠靜的城角。走著走著，才彎了幾個彎，就知道這麗江古城不同凡響。從沐府一路往中城走，視線所及，全是古城的景觀，看不到任何文明。茶館、樓門，都依在小溪旁。夜裡，沒人；這美，薰得人醉。

　　城的中心，是八方街，有一條主溪穿越，酒樓沿兩岸而建，酒意正興的客人，隔岸把酒在二樓對唱，一邊唱的聲大，另一邊就唱回來。有的手持吉他帶頭唱，更有的客人站在門口，隨著隔岸競唱的人們，附和著。

　　一堆客人，分站在河岸兩邊的酒樓門口，左看右看，端詳要加入哪一邊酒樓。我們站在溪旁的石板路上，看著熱鬧。店小二跑出來喊著，進來坐，有酒，有吃的，我們這一岸競唱，就差你們兩個。

　　哈，真有意思。叫了酒，跟著唱，喝著就醉了。

　　氣溫還是清寒的。醉酒後鑽進被窩裡，嘴上還胡亂念著李白的句子。

　　說什麼「五花馬，千金裘，呼兒將出換美酒，與爾同銷萬古愁」，什麼「人生在世不稱意，明朝散髮弄扁舟」。

　　清晨，半睡半醒之間，知道天亮了，賴在床上，不願意起床。昨夜，打在瓦板屋頂上的雨聲停了。在二樓，窩在一、二十天來從沒睡過的乾被子裡，巷中旅人的談話輕傳入耳，刻意不想去理會它，想再賴會

兒床，但一句「下雪了」鑽進耳來。心想，不可能吧。但不一會，又有人說：「下雪了。」

我從床上跳起來，由下而上的推開床邊的古式「木窗」，天哪，真的下雪了。

在麗江？！

不知道是不是下了一整夜，旅店的小妹說，這是麗江兩年來第一場雪。整個麗江都熱鬧起來了。

雪，落在古樸的屋瓦上，落在紅漆斑駁的屋簷上；落在石板地上，落在髮稍、落在雙肩、落在我攤開的掌上，落在錯愕迷離的眼底。

愈下愈大，直到如鵝毛般漫天飛舞，朦朧了視線。

水車、沐府、古宅、小溪，在雪裡，成了銀色。

走出旅店，看茶館，看溪，看古城，看書。過了 12 點，威廉低著頭，踏著雪找馬丁去。

威廉說，回去的票訂好了，天要我回去。

雪，愈下愈大。原本打在地上馬上化掉的雪，開始在瓦簷上堆積了起來。

晚上，選了一個清靜的茶館坐著，看著小說。整座茶館裡沒有一個人，我們在二樓，坐到茶館打烊。兩人沒有一句話。窗外，雪愈下愈大，茶館旁的小溪裡，那錦鯉依然悠閒的游著，古城裡小宅上排排的屋瓦頂上，早已一片雪白。

冷了！我拉起圍巾，依著微弱的燭光，取不了暖。那雪景，讓我不忍拉起木窗。風吹斜著那殘燭，晃著晃著的古茶館，晃入另一個世界。

雪夜麗江。

麗江古城一隅。

臨別

想要的不是躲避。

在一生一世的長度裡，

從那世間來，終究還得回到那世間去。

古城美則美矣，一則是商業氣息濃厚了些，一則是那份韻味，和青藏高原的主題相距太遠。連下雪也沒能拉近一些。

尤其入夜之後的酒吧街，那份喧囂火熱的氣氛與「鬥歌」場面，只怕在上海、香港、台北也難以得見。我只是走著，有時漫步，有時閒聊，有時靜靜地看著過往旅人，有時惺忪著醉眼。

離開的這天，雪融了，天放晴了，彷彿那場雪是專為我們而下的一般。

重新打包行李，丟了背著 40 天的飼料袋。這會兒，完全是要回家的模樣了。

往昆明的「高快」巴士，足足走上 9 個小時，抵達的時候，華燈正盛。

這個從未謀面的城市，印象還停留在《未央歌》的那個年代。但，到底也是這麼進步的一座城市了，從麥當勞、肯德基、必勝客，一直到高檔的高爾夫俱樂部，應有盡有。

我們聊著，形式上，旅行到這裡，已經完完全全結束了。昆明，跟台北有什麼區別？

坐在自助旅館的屋頂，四分之三是外國背包客，喝著啤酒、打著很中國的乒乓球，眺望鬧區的金碧廣場，晚上 11 點多人潮還未散去，鄰近的區域有許多舞廳，轟隆轟隆地正放送著音樂。

想起在青藏鐵路上的那一晚，在火車裡，凌晨兩點多，輕輕地被搖醒。

馬丁說：「你看，窗外那是青海湖嗎？」

等眼睛適應了那分幽暗，我才看清，那是個沒有月亮的夜晚，火車不知怎麼停了下來，群星滿天。

那應該不是青海湖，或許只是高原上某個不知名、在冬夜裡凍成霜白的海子。

但那不重要。那夜，可能是我們一路上所見過最荒遠、最渺無人跡的夜色。

《紅樓夢》裡的賈寶玉，原來是青埂峰上的頑石，渴望入世經歷人間的愛恨瞋癡，但終要歸彼大荒。落了片白茫茫大地真乾淨。

我們呢？放在一生一世的長度裡，從人間來，終究也要回到那人間去。

燈紅酒綠、高居廟堂之上，大丈夫闖大事業，有什麼不好呢？至少，在一生一世的長度裡，似乎沒有什麼不對。

為人子、為人夫、為人兄弟、為人父、即使是神山頑石化為寶玉來到人間，一樣得承托起這些責任，纏繞起這些牽扯。

我想要的不是躲避。

只是希望，希望從此以後，能有一片壯麗無垠的山水，我曾見過，也烙在心裡。

即使只是一生一世的長度。

或許也就可以無憾了。

306   **45%** 的天堂

馬丁

阿里 15 年

父親走了……

父親過世前一周，精神與意識好極了。客人探病時，他可以張大著眼，坐在床頭，跟客人和我，說上一小時的話。但事實上，他的話，幾乎已難以辨認了。

在他離世的前一天，孩子從各地回來。他多數時是睡著的，醒著時候，就會說很多很多話，夾雜在不明的話語裡，突然，他平靜地看著我，說了一句再清楚不過句子：「在武，我今天要走了。」

這一天，五個孩子全部陪在病榻伴著他，晚上，媽媽來了，握著爸爸的手，跟他說：「與你一輩子，很好。留給我的，都夠用，不要擔心。」

我低下身子，貼著他耳邊，告訴父親，他一輩子對我們有多好，他是一個好爸爸。告訴他，我們是何其幸運，這一生有這樣的父親，留下這麼多快樂的日子。那晚，五個孩子，一個一個彎下身來，擁抱摯愛的父親，向他告別。

父親那晚心情很好，有幾個小時裡，他一直都是醒著的。姊姊彎著腰，在他耳邊說話。他仍有力氣手摟著她的背，拍著她說話。在完全模糊的話語中，突然清楚地說了兩句：「不要怕！不要怕！」

隔天一早，他心跳漸漸微弱，在沈睡中離世。

父親走後，好多年，他都沒有入我夢裡。有一晚，在睡夢中，一層薄霧裡，他背著我往一個平緩的小丘頂走，沒有柱拐杖，到了山頂，他停下來，回了頭對我微微地笑。

我知道，他回來告訴我，要我放心，不要再牽掛他了！我一個人，在暗黑的房裡一直哭。

年過五十

從當年的壯遊，到現在年過五十，加上我早生華髮。地鐵上，早已有人讓位。我開始學會，微微笑、點個頭，坐了下來。

昨天，89 歲的母親，把我出生後，她與父親去算我的命盤與算命仙的批示，親手交給我。

那是一個紅包紙袋。一點都不像是 53 年前的文件，連紅紙表面都是平整的。不知道是壓在哪個箱底有這祕密？她淡淡地說，這該交給你了。

我小心翼翼地打開，仔細地看著。上面批著：「子息二柱、壽卜七十三」。

我有一子一女。嗯，很準。

73，好，還有 19 年陽壽。該怎麼過呢……

這幾年，生活變化很大，我陪著孩子過青春期，每週六上果菜市場採買一週的菜，念著該給孩子的生活。他們的成長，成為我穩定自己的力量。

好友李建安，馬拉松、登山健將，15 年前，帶著我與威廉去登山用品店採購保命用品，教我如何上背包、綁鞋帶。本來阿里是三個人的旅行，他沒能成行。沒想到。身體最好的他，肝癌一發現，三個月就走了。

高中睡我隔壁的死黨簡志峰，17 歲患強迫症，後來嚴重憂鬱。我和他吃飯，他要我摘下墨鏡，他說，想看著我。後來才知道，他想記得我。不到半年，第二次自殺，成功了。他在走之前，將存摺拿回去給父親，跟父親說，有事可以找在武談。

怎麼過呢？

和 15 年前一樣，

若心底的聲音，告訴自己「我願意」，就試試吧。

後來，我又去西藏兩次。走了大北線、轉山岡仁波齊、訪蓮花生大師桑耶寺、去了普蘭方向的土林與古格王朝；拉了好遠的車，到了當惹雍錯與象雄文化遺址……

什麼是自己的人生？或許只要，你喝起甜茶，知道這杯甜茶，與拉薩，藏醫院路的光明甜茶館，有何差別。那就是自己的人生了。

15 年前，我去了阿里。

還有 19 年，就試試吧。

2021/05

人文旅遊 3032

45% 的天堂：一趟探索人生價值的大旅行，在深冬的青藏高原找到再出發的勇氣

作　　者　　劉在武、李君偉

照片提供　　劉在武、李君偉

責任編輯　　陳萱宇

主　　編　　謝翠鈺

封面設計　　陳文德

美術編輯　　菩薩蠻數位文化有限公司

企　　劃　　廖心瑜

資深企劃經理　何靜婷

董 事 長　　趙政岷

出 版 者　　時報文化出版企業股份有限公司
　　　　　　108019 台北市和平西路三段二四〇號七樓
　　　　　　發行專線　（〇二)二三〇六六八四二
　　　　　　讀者服務專線　〇八〇〇二三一七〇五
　　　　　　　　　　　　　(〇二)二三〇四七一〇三
　　　　　　讀者服務傳真　(〇二)二三〇四六八五八
　　　　　　郵撥　一九三四四七二四時報文化出版公司
　　　　　　信箱　一〇八九九　台北華江橋郵局第九九信箱

時報悅讀網　http://www.readingtimes.com.tw

法律顧問　　理律法律事務所 陳長文律師、李念祖律師

印　　刷　　和楹印刷有限公司

二版一刷　　二〇二一年七月十六日

定　　價　　新台幣四八〇元

缺頁或破損的書，請寄回更換

時報文化出版公司成立於一九七五年，
並於一九九九年股票上櫃公開發行，於二〇〇八年脫離中時集團非屬旺中，
以「尊重智慧與創意的文化事業」為信念。

45%的天堂：一趟探索人生價值的大旅行，在深冬的青藏高原找到再出發
的勇氣/劉在武，李君偉著. - 二 版. -- 臺北市：時報文化出版企業股份有
限公司，2021.07：面；公分.--(人文旅遊；3032)

ISBN 978-957-13-9153-3(平裝)

1. 遊記2. 中國

690　　　　　　　　　　　　　　　　　　　　　　110009893

Printed in Taiwan

ISBN：978-957-13-9153-3